# Mutter süßer Glückseligkeit

Swami Amritaswarupananda Puri

Mata Amritanandamayi Center, San Ramon
Kalifornien, Vereinigte Staaten

Mutter süßer Glückseligkeit
Herausgegeben von:
Mata Amritanandamayi Center
P.O. Box 613
San Ramon, CA 94583
Vereinigte Staaten

―――――――――― *Mother of Sweet Bliss (German)* ――――――――――

© Copyright der deutschen Übersetzung 2003 Mata Amritanandamayi Mission Trust, Amritapuri, Kerala 690546, Indien

Alle Rechte vorbehalten. Kein Teil dieses Buches darf ohne Erlaubnis des Herausgebers, außer für Kurzbesprechungen, reproduziert oder gespeichert werden oder in sonstiger Form – elektronisch oder mechanisch - fotokopiert oder aufgenommen werden. Die Übertragung ist in keiner Form und mit keinem Mittel erlaubt.

In Deutschland: www.amma.de

In der Schweiz: www.amma-schweiz.ch

In Indien:
www.amritapuri.org
inform@amritapuri.org

Im vorliegenden Buch möchten wir so nahe wie möglich an den ursprünglichen spirituellen Lehren bleiben. Dafür wird, sofern möglich, eine sprachlich etablierte geschlechtsneutrale Formulierung genutzt. Wo dies nicht der Fall ist, wird zur besseren Verständlichkeit das generische Maskulinum verwendet. Auch in diesem Fall sind jedoch Personen mit allen, inkl. non-binären, Geschlechtsidentitäten immer ausdrücklich mitgemeint und angesprochen.

# Inhaltsverzeichnis

**1. Teil  Biografie**     5
1. Das göttliche Kind     7
2. Die kleine Heilige     17
3. Das Leben als Dienstmädchen     25
4. Sehnsucht nach Krishna     31
5. Krishna Bhava     37
6. Sudhamanis Wunder     43
7. Kind der Göttlichen Mutter     49
8. Treue Freunde     59
9. Mutter süßer Glückseligkeit     67
10. Unruhestifter     73
11. Umarmung der Welt     83

**2. Teil  Erfahrungen von Ammas Kindern**     91
   Krishnas Krone     92
   Dattan, der Leprakranke     93
   Amma heilt einen gelähmten Jugendlichen     95
   Krishna Unnis Operation     96
   Ein kleines Mädchen kehrt ins Leben zurück     97
   Glaube eines Kindes     98
   Der Mango–Baum     99
   Eine Blume für Krishna     100
   Jason     101

**3. Teil  Ammas Lehren**     103

# Erster Teil

# Biografie

# KAPITEL EINS

# Das göttliche Kind

In Indien, an der südlichen Küste von Kerala, befindet sich ein kleines Dorf namens Parayakadavu. Es liegt auf einem schmalen, mit Kokospalmen übersäten Streifen Land, zwischen dem Arabischen Meer und den Backwaters, einer Gegend, die mit vielen Kanälen und Seen durchzogen ist. Soweit man sich zurück erinnert, waren die Menschen dieses Dorfes Fischersleute. Über die Heiligkeit und Großartigkeit von Parayakadavu gibt es viele Geschichten.

Genau in diesem Dorf lebte vor vielen Jahren ein 13 Jahre alter Junge namens Sugunanandan Idammanel. Eines Tages, als er von der Schule nach Hause kam, kletterte er mit seinem Cousin auf einen Cashewnuss-Baum. Die beiden waren daran, die leckeren Cashew Nüsse zu verspeisen, als ein *Sannyasi* (Mönch) mit langem Haar und wallendem Bart, der ihm bis zum Bauch hinunter reichte, am Baum vorbei ging. Sie hatten ihn zuvor noch nie gesehen und sie staunten sehr als sie sahen, dass sein Gesicht in einem wunderschönen Licht erstrahlte. Der Sannyasi brach plötzlich in ein frohes Lachen aus, während er laut zu sich sprach: "Viele Sannyasi werden hier *Samadhi* (ein Zustand der Einheit mit Gott) erreichen. Sie werden Gott sehen. Dies wird eine heilige Stätte sein!". Der Sannyasi lachte glückselig und setzte seinen Weg fort. Die Knaben sahen ihn nie wieder.

Sugunanandan und sein Cousin waren verblüfft. Was konnte der Sannyasi wohl gemeint haben, als er sagte, dass dieser einfache Ort, welcher das Zuhause Sugunanandans war, eine heilige Stätte werden würde? Erst viele Jahre später verstand er die Bedeutung dieser Worte.

Sugunanandans Familie gehörte einer Sippe von Fischerleuten an. Sie waren schon seit Generationen Fischer und sehr religiös.

Als Sugunanandan erwachsen war, wurde er Fischhändler und verkaufte die Fische, die die Fischer seines Dorfes im Meer fingen. Er heiratete Damayanti, ein junges Mädchen aus einem nahen Dorf. Auch Damayanti war sehr religiös.

Damayanti und Sugunanandan hatten acht Kinder – vier Knaben und vier Mädchen. Als Damayanti ihr drittes Kind erwartete, träumte sie seltsame, wundervolle Geschichten. In diesen erschienen ihr Lord Krishna und Lord Shiva und die Göttliche Mutter. Eines Nachts träumte sie, dass ihr ein geheimnisvolles Wesen eine wunderschöne Statue von Krishna überreichte und sie entdeckte, dass diese aus purem Gold war. Auch Sugunanandan hatte einen Traum, in dem er die Göttliche Mutter sah. Sugunanandan und Damayanti sprachen miteinander über ihre Träume und rätselten über deren Bedeutung. Sie dachten, dass in ihrem Leben vielleicht etwas ganz Besonderes passieren würde. Natürlich wussten sie nicht, was Gott für sie vorgesehen hatte.

Eines Nachts hatte Damayanti den allerschönsten Traum. Sie träumte, dass sie ein Kind geboren hatte, welches schöner war als jedes andere Kind dieser Welt, und dass dieses Kind Krishna war. Sie hielt das göttliche Kind in den Armen. Damayanti erwartete die Geburt ihres Kindes jedoch erst in einigen Wochen. Sie plante, dann in ihr Elternhaus zu gehen und dort das Kind zur Welt zu bringen. Aber am darauf folgenden Tag, als sie am Strand arbeitete, hatte sie das bestimmte Gefühl, dass sie nach Hause gehen sollte. Sie beendete ihre Arbeit und machte sich alleine auf den Heimweg. Dabei merkte sie, dass ihr die Geburt bevor stand.

Zu dieser Zeit lebten Damayanti und ihr Ehemann noch in einer einfachen Hütte. Sobald Damayanti in die Hütte getreten war, legte sie sich auf eine Strohmatte und das Kind kam zur Welt. Es ging sehr schnell und Damayanti spürte keinen Schmerz. Sie bemerkte, dass das Kind nicht weinte, so wie es Neugeborene üblicherweise tun. Damayanti sah ihr Kind an und stellte fest, dass es ein Mädchen war. Sie war verwundert, als sie das strahlende Lächeln auf dem Gesicht des Kindes sah. Sie würde nie vergessen wie es sie anschaute. Es war ein Blick, der alles zu wissen schien. Es war ein Blick so kraftvoll und so liebevoll, dass er auf direktem Weg ihr Herz berührte.

Eine Nachbarin, die gerade vorbei kam, schaute durch die Tür. Sobald sie erkannte, was geschehen war, eilte sie hinein und kümmerte sich um Damayanti und das neugeborene Kind.

So kam es, dass die Heilige Mutter/Amma am 27. September 1953 in einer einfachen, aus geflochtenen Palmenblättern bestehenden Hütte, zur Welt kam. Nicht weit davon entfernt rollten die großen Wellen des Ozeans freudig gegen die Küste und die kleinen Wellen der nahe gelegenen Backwaters plätscherten sanft gegen das Ufer. Es war, als würde Mutter Natur zum Willkommen dem neugeborenen Kind ein Wiegenlied singen.

Das kleine Mädchen wies mit vielen Zeichen darauf hin, dass es ein göttliches Kind war – Zeichen, welche zu dieser Zeit niemand verstand. Es lag zum Beispiel mit seinen Beinen gekreuzt wie in der Lotus Stellung und seine kleinen Finger formten ein *Mudra*, ein heiliges Zeichen. Das Kind war dunkler als die anderen der Familie und seine Haut hatte eine blaue Färbung. Die Eltern waren darüber sehr erschrocken. Sie dachten, dass mit dem Neugeborenen irgendetwas nicht stimmen könne. Sie gingen mit dem Mädchen zu verschiedenen Ärzten, aber auch diese konnten nicht verstehen, weshalb seine Haut so blau war. Sie dachten, dass es sicherlich unter irgendeiner seltsamen, unbekannten Krankheit leiden müsse. Sie rieten Damayanti, ihr Kind sechs Monaten lang nicht mehr zu baden, in der Hoffnung, dass sich so die Farbe des Kindes normalisieren würde. Damayanti tat genau, was die Ärzte ihr empfohlen hatten, aber es half nicht. Die Haut des Kindes blieb sehr lange blau.

Die Eltern gaben ihrer kleinen Tochter den Namen Sudhamani, was ‚Reines Juwel' bedeutet. Sie war ein sehr ungewöhnliches Kind. Anders als andere Kleinkinder, begann sie schon mit sechs Monaten zu sprechen. Außerdem fing sie zu dieser Zeit bereits an zu gehen. Bevor ein Kind normalerweise das Gehen erlernt, wird es zuerst ein paar Monate krabbeln, dann, ungefähr mit einem Jahr, wird es gelernt haben aufzustehen und erst danach macht es die ersten Schritte. Aber Sudhamani war anders. Sie durchlief nie das Krabbelstadium. Mit sechs Monaten saß sie eines Tages auf der Veranda des neuen Hauses, welches ihre Eltern gerade gebaut hatten. Plötzlich stand sie auf und überquerte die Veranda! Bald darauf versetzte sie alle in Erstaunen, als sie sogar zu rennen begann.

Von Anfang an liebte Sudhamani Krishna mehr als alles andere in der Welt. Von dem Moment an, da sie sprechen lernte, begann sie den heiligen Namen ‚Krishna, Krishna' immer und immer wieder zu wiederholen. Bereits als Zweijährige fing sie an zu ihm zu beten, und sie liebte es, ihm kleine Lieder zu singen – Lieder, die sie selbst komponiert hatte. Sie sang jeden Tag zu Krishna. Im Alter von 4 Jahren stimmte sie ihre einfachen Lieder mit intensiver Liebe und Hingabe an, während sie vor einem

## Das göttliche Kind

kleinen Bild Krishnas saß. Dieses Bild war ihr größter Schatz. Sie behielt es stets in ihrer Blusentasche und holte es oft hervor, um es unablässig zu betrachten.

Ihre Liebe zum Herrn wuchs weiter. Im Alter von 5 Jahren war ihr Herz voll von überfließender Hingabe. Ihre wunderschöne Art zu singen, wurde im ganzen Dorf bekannt. Wann immer sie ihre Lieder anstimmte, betrachtete sie ihr kleines Krishnabild und sie wurde es nie Leid es anzuschauen.

Sudhamani dachte oft so viel an den Herrn, dass sie alles um sich herum komplett vergaß. Ihre Eltern fanden sie dann ganz alleine dasitzend – in absoluter Stille, mit geschlossenen Augen. Manchmal entdeckten sie Sudhamani wie sie an den Ufern der Backwaters saß und ins Wasser schaute oder wie sie ganz ruhig den Himmel betrachtete. Sie schien in einer anderen Welt zu sein.

Aber anstatt dieses ganz besondere kleine Mädchen zu schätzen, wandte sich die ganze Familie gegen sie, weil sie ebenso anders war, und weil ihre Haut so viel dunkler war, als die der übrigen Familienmitglieder.

Sudhamanis Eltern verstanden die starke Hingabe, die sie zu Krishna empfand, nicht – sie meinten, ihr Verhalten sei nicht normal. Sie konnten nicht verstehen, weshalb ihre Tochter die ganze Zeit zu Krishna sang, sich dabei oft im Kreise drehte und sich ihrer Umwelt nicht bewusst war. Und wann immer sie in einen Zustand der Seligkeit geriet, was oft vorkam, dachten sie, dass Sudhamani einfach ein dummes Spiel spiele. Sie schimpften mit ihr, weil sie nicht so war, wie die anderen Kinder. Oft behandelten sie Sudhamani sehr schlecht, indem sie sie für die kleinsten Vorkommnisse schlugen. Wann immer ihre Eltern ausgingen, um Verwandte zu besuchen oder an religiösen Festen teilzunehmen, nahmen sie alle ihre Kinder mit, außer Sudhamani. Ihr wurde gesagt, dass sie zu Hause bleiben müsse, um auf das Haus und die Tiere aufzupassen. In ihren Augen war Sudhamani nicht mehr als eine Dienstmagd. Es war, als gehöre sie nicht zu ihrer eigenen Familie. Aber Sudhamani klagte nicht. Sie genoss es, alleine zu sein, denn es war eine gute Gelegenheit ungestört an Krishna zu denken.

Neben dem Haus befand sich ein Kuhstall. Sudhamani liebte es, dort ganz alleine zu sitzen, nur mit den Kühen als Gesellschaft. Hier sang sie ihre Lieder zu Krishna, meditierte und betete zu ihm von ganzem Herzen und mit ihrer ganzen Seele. Sudhamani war glücklich im Kuhstall. Sie liebte die Kühe genauso wie Gopala Krishna, der göttliche Kuhhirte sie einst in Vrindavan geliebt hatte.

Sudhamani begann im Alter von 5 Jahren zur Schule zu gehen. Obwohl sie noch so jung war, merkten die Lehrer bald, wie außergewöhnlich intelligent sie war. Sie brauchte eine Lektion nur einmal zu hören, um sich an alles, was gesagt wurde, zu erinnern. Sie konnte außerdem mit Leichtigkeit alles wiederholen, was sie einmal gelesen hatte. Als sie in der 2. Klasse war, hörte sie beim Unterricht der älteren Schüler mit, und danach konnte sie auch diese Lektionen auswendig. Die älteren Kinder, ihr älterer Bruder und ihre Schwester inbegriffen, wurden oftmals vom Lehrer bestraft, weil sie ein Gedicht nicht auswendig gelernt hatten. Sudhamani hingegen, welche um einiges jünger war, konnte frohen Mutes eben diese Gedichte singen, während sie zur Melodie tanzte wie ein zarter Schmetterling. Die Lehrer waren von ihr sehr begeistert. Sie waren über Sudhamanis außergewöhnliches Erinnerungsvermögen erstaunt; so etwas hatten sie zuvor noch nie erlebt. Sie hatte immer die besten Noten in allen Fächern. Sie war die beste Schülerin ihrer Klasse, obwohl sie oft gezwungen war zu Hause zu bleiben, um ihrer Mutter bei der Hausarbeit zu helfen.

Sudhamani war voller Leben und Energie. Die Dorfbewohner nannten sie liebevoll ‚Kunju' (die Kleine). Sie liebten sie aufgrund

ihres großherzigen Charakters, ihrer starken Hingabe zu Krishna, ihrer Liebe zu allen Kreaturen Gottes, ihrer freundlichen Art den Armen und Leidenden gegenüber und wegen ihrem süßen, melodiösen Gesang. Sie konnte den Menschen auch sehr gut zuhören. Alle, die ihr begegneten, bemerkten wie sich ihre Herzen öffneten, wenn sie mit ihr sprachen, und sie erzählten ihr alles über ihre Probleme, obwohl sie ja noch so jung war. Sogar Fremde fühlten sich sofort zu ihr hingezogen. Sudhamani stand jeden Morgen lange vor Sonnenaufgang auf und begrüßte Krishna mit ihrem Lied. Alle Nachbarn fanden die Stimme dieses kleinen Mädchens derart rein, süß und zauberhaft, dass sie sich bemühten jeden Morgen ebenso früh aufzustehen, um zu hören wie sie den Herrn und den neuen Tag begrüßte.

Viele von Sudhamanis schönsten Liedern waren traurige Lieder, weil sie von ihrem Verlangen nach Krishna handelten. Es war für sie äußerst schmerzlich von ihrem Herrn getrennt zu sein. In ihren Liedern rief sie ihn an, bettelte er möge doch zu ihr kommen, sagte ihm, wie sehr sie sich danach sehne ihn zu sehen. Wann immer sie diese Lieder sang, kullerten Tränen ihre Wangen hinunter. Sie weinte und weinte, bis sie dachte, ihr Herz würde gleich brechen. Ihre Nachbarn waren in Sorge, als sie dies sahen und kamen, um sie zu trösten. Aber nur Krishna konnte diese Kleine trösten. Nur Krishna konnte sie glücklich machen. Die Dorfbewohner verstanden, dass sie in einer anderen Welt war.

Aber ihre Familie hatte nur wenig Sympathie für sie übrig und behandelte sie oft sehr schlecht. Obwohl ihr Vater sie ebenfalls oft misshandelte – hauptsächlich, weil er sie einfach nicht verstehen konnte – liebte er sie tief in seinem Herzen doch sehr.

Manchmal spürte Sudhamani ein starkes Verlangen, alles stehen und liegen zu lassen – ihr zu Hause zu verlassen, ihre Familie und alle die sie kannte – um einfach unaufhörlich zu meditieren und zu Krishna zu beten. Sie dachte an die heiligen

## Das göttliche Kind

Berge des Himalajas, wo die Yogis in Höhlen saßen und den ganzen Tag meditierten. Eines Nachts sagte sie zu ihrem Vater: „Vater, bringe mich an einen einsamen Ort! Bringe mich zum Himalaja!" und dann begann sie zu weinen. Es war ein sehr weiter Weg zum Himalaja, deshalb konnte er sie nicht dorthin bringen. Aber damit sie mit dem Weinen aufhörte, schmiegte er sie an seine Schulter und sagte: „Ich werde dich bald dahin bringen. Versuch jetzt ein wenig zu schlafen, mein Kind!". Sudhamani fühlte sich getröstet und schlief mit ihrem Kopf auf seiner Schulter ein, im Glauben, dass er sie gleich dorthin bringen würde. Aber als sie wenig später wieder aufwachte, begann sie wieder zu weinen, weil sie sah, dass er sie nicht zum Himalaja gebracht hatte und dass sie sich nach wie vor in ihrem kleinen Fischerdorf befanden, umgeben von Kokospalmen.

Wenn Sudhamani nachts nicht schlafen konnte und darauf bestand im Hof zu meditieren, blieb ihr Vater auf und wachte über sie, um sicher zu sein, dass ihr nichts zustoße.

## KAPITEL ZWEI

# Die kleine Heilige

Sudhamani ging nur vier Jahre lang zur Schule. Denn als sie erst 10 Jahre alt war, erkrankte ihre Mutter an Rheuma, was bedeutete, dass Sudhamani zu Hause bleiben und die ganze Hausarbeit erledigen musste. Sie hatte ihrer Mutter immer viel geholfen, doch nun war sie plötzlich gezwungen alles selbst zu machen. Sudhamani musste jeden Morgen um drei Uhr in der Früh aufstehen. Manchmal, wenn sie sehr müde war, verschlief sie. Wenn dies passierte, wurde ihre Mutter sehr böse und weckte sie auf, indem sie einen Eimer Wasser über ihren Kopf goss.

Sudhamani arbeitete den ganzen Tag und bis spät in den Abend hinein sehr hart. Sie wischte das Haus und reinigte den Hof. Sie musste den ganzen langen Weg zum Dorfbrunnen gehen, um Trinkwasser zu holen. Sie kochte der Familie das Essen, sie schrubbte die Töpfe und Pfannen, wusch allen die Kleider, sorgte sich um die Kühe, melkte sie und kümmerte sich um die Ziegen und Enten. Sogar für eine erwachsene Person wäre das sehr harte Arbeit gewesen – und Sudhamani war ja noch ein Kind. Aber sie beschwerte sich nie, nicht ein bisschen. Obwohl sie den ganzen Tag mit Arbeit beschäftigt war, waren ihre Gedanken immer bei Krishna. Sie vergaß ihn nicht für einen einzigen Augenblick. Ihre

Lippen bewegten sich immerfort als sie den Namen ‚Krishna, Krishna' ständig wiederholte. Wenn sie jeweils jemanden den Namen Krishna erwähnen hörte, fühlte sie so viel Liebe in ihrem Herzen, dass sich ihre Augen mit Tränen füllten.

Sudhamani stellte sich immer vor, dass sie die Arbeit für den Herrn verrichtete, unabhängig davon was es war. Wenn sie die Kleider ihrer Familienangehörigen wusch, bildete sie sich ein, die Kleider Krishnas zu waschen. Wenn sie die Kleider zum Trocknen an die Leine hängte, tat sie so, als ob diese die gelben, seidenen Kleider Krishnas wären, welche in der Sonne glänzten. Wenn sie ihre Brüder und Schwestern für die Schule ankleidete, stellte sie sich vor, dass es Krishna und sein Bruder Balarama wären. Wenn sie sich um die Kühe kümmerte, dachte sie an den Kuhhirten Gopala Krishna, der für die Kühe auf dem Feld und in den Wäldern Vrindavans sorgte.

Noch immer trug sie das kleine Bild Krishnas mit sich herum, überall wohin sie ging, und betrachtete es oft. Sie drückte das Bild jeweils an sich, umarmte und küsste es und musste dann weinen, weil sie sich so sehr danach sehnte, den wirklichen Krishna zu sehen und bei ihm zu sein. Sie weinte jeweils bis das Bild von ihren Tränen durchnässt war. Sie wusste, dass es nichts gab, das schöner war als Krishna und dass er liebevoller war als alle Menschen dieser Welt zusammen. Sie sehnte sich von ganzen Herzen danach, ihn zu sehen, mit ihm zu spielen und mit ihm zu tanzen. Sie wollte mit ihm zusammen sein, auf ewig.

Sudhamani verbrachte viel Zeit damit Wasser zu tragen, Kleider zu waschen und durch die Backwaters zu waten, um Gras für die Kühe zu sammeln. Deshalb waren ihre Kleider meistens durchnässt. Oft musste sie auch schwere Töpfe mit Wasser oder heißem Reisbrei für die Kühe schleppen – welche sie jeweils nach indischer Art und Weise auf ihrem Kopf trug – weshalb ihr die Haare ausfielen.

## Die kleine Heilige

Obwohl Sudhamani sehr hart arbeitete und stets versuchte ihr Bestes zu geben, schimpfte ihre Mutter oft mit ihr und schlug sie für die kleinsten Fehler. Jahre später, als Sudhamani erwachsen war und auf ihre Kindheit zurückblickte, sagte sie: „Damayanti war auf eine Art mein Guru[1]. Sie lehrte mich Selbstdisziplin und alles mit großer Sorgfalt zu tun. Wenn nur ein einziger Strohhalm aus dem Besen fiel während ich wischte oder wenn noch ein bisschen Abfall im Hof lag, nachdem ich gewischt hatte, wurde ich bestraft. Ich wurde auch bestraft, wenn nur ein Krümchen Asche oder ein Staubkorn in den Topf fiel während ich über dem Feuer kochte oder wenn der kleinste Schmutz in einem Topf gefunden werden konnte, nachdem ich den Abwasch gemacht hatte. Manchmal schlug mich Damayanti mit einem hölzernen Stößel. Wenn andere Leute sahen, wie schlecht ich behandelt wurde, sagten sie zu Damayanti ‚Bitte bestrafe sie nicht so hart'. Aber Damayanti hörte nicht auf sie."

Manchmal versuchte Damayanti ihr Angst einzuflößen und sagte: „Hier kommt ein Geist! Er kommt dich holen!". Aber niemand konnte der Kleinen Angst einjagen, weil sie sich vor nichts fürchtete. Sie war sehr mutig.

Da war zum Beispiel im Dorf eine alte Frau namens Apisil, welche kleinen Kindern gerne Angst einflößte. Wenn sich die Kinder schlecht benahmen, holten die Eltern Apisil, um sie einzuschüchtern, damit sie sich wieder gut benahmen. Eines Tages bat Damayanti Apisil vorbei zu kommen, um Sudhamani zu erschrecken. Die alte Frau bedeckte ihren Kopf mit einem Sack und schlich sich zum Fenster, an dem Sudhamani gerade saß. Dann sprang die Furcht erregend anzuschauende Apisil auf und ab, kreischte und tat alles, was sie nur konnte, um das Kind zu erschrecken. Aber Sudhamani hatte überhaupt keine Angst. Sie schaute mutig zum Fenster hinaus auf das springende und

---

[1] Ein Guru ist ein spiritueller Lehrer.

schreiende Monster und sagte: „Geh weg! Ich weiß wer Du bist. Du bist nur Apisil. Versuch nicht mich zu erschrecken!". Damayanti rief Apisil noch ein paar Mal, aber die Kleine war einfach nicht zu erschrecken.

Sudhamanis Bruder Subhagan war ein übler junger Bursche, so dass die gesamte Familie und sogar die Dorfbewohner sich vor ihm fürchteten. Er war stolz auf die Tatsache, dass er nicht an Gott glaubte. Er meinte auch, dass Jungen besser seien als Mädchen und dass Mädchen gesehen, aber nicht gehört werden sollten. Er war besonders gemein zu Sudhamani und suchte immer nach einem Grund, um Sudhamani zu bestrafen. Er konnte ihre Hingabe an Krishna oder wie sie zu ihm sang nicht ausstehen. Sie nur zu hören machte ihn wütend.

Da Sudhamani den ganzen Tag lang und bis spät in den Abend hinein arbeitete, hatte sie nur nachts Zeit, um sich alleine hinzusetzen und zum Herrn zu beten. Bis dahin war es jeweils schon so spät, dass die Öllampe im Pujaraum[2] schon ausgebrannt war. So saß Sudhamani im Dunkeln und sang ihre Lieder. Wenn Subhagan bemerkte was sie tat, wurde er immer wütend auf sie, und schrie sie an, weil sie im Dunkeln saß. Sudhamani sagte darauf: „Du kannst nur das äußere Licht sehen. Aber tief in mir drin ist ein Licht, welches nie erlischt". Subhagan verstand nicht, dass sie vom Göttlichen Licht sprach, ein Licht heller und schöner als jedes andere Licht, und dass dieses Licht tief in ihrem Inneren leuchtete.

Es gehörte zu Sudhamanis Hausarbeit, in den benachbarten Häusern Gemüsereste und Reisbrei für die Kühe zu sammeln. Sudhamani lauschte dabei aufmerksam den traurigen Geschichten der älteren Dorfbewohner. Sie erzählten ihr oft wie ihre erwachsenen Kinder und Enkel, welche einst um ihr langes Leben

---

[2] In indischen Häusern gibt es meist ein Zimmer, das nur dem Beten und Meditieren dient, man nennt diesen Raum Puja-Raum.

beteten, sie nun doch vernachlässigten und schlecht behandelten. Die alten Menschen waren sehr einsam und hatten niemanden mit dem sie sich unterhalten konnten. Sudhamani hörte ihnen mit größter Aufmerksamkeit zu. Sie taten ihr Leid. Sie versuchte deshalb immer ein bisschen Zeit mit den Älteren zu verbringen, da sie niemanden hatten, der sie liebte und sich um sie kümmerte. Als sie sich diese Geschichten so anhörte, stellte sie fest, wie selbstsüchtig die Menschen doch waren, und dass es kaum Liebe und Mitgefühl auf dieser Welt gibt.

Aber Sudhamanis Herz war voller Mitgefühl. Ihr Herz ging zu all denen, welche traurig, arm und einsam waren. Obwohl sie nur ein Kind war, tat sie was immer sie konnte, um das Leiden ihrer älteren Nachbarn zu lindern. Manchmal, wenn niemand zu Hause war, holte sie eine der einsamen alten Frauen zu sich nach Hause. Liebevoll badete sie diese alte Frau, schenkte ihr Kleider, welche Sudhamanis Familie gehörten, und gab ihr so viel zu Essen, wie sie auftreiben konnte.

Wann immer Sudhamani erfuhr, dass jemand im Dorf nicht genügend zu essen hatte, versuchte sie zu helfen. Sie nahm etwas Geld aus der Geldschachtel ihrer Mutter und kaufte ihnen ein wenig Nahrung. Wenn das nicht möglich war, belästigte sie ihren Vater hartnäckig, bis er ihr ein wenig Geld gab. Wenn auch dies nicht klappte, nahm sie rohes Gemüse und Reis aus der Vorratskammer und gab es der Not leidenden Familie. Eines Tages wurde sie auf frischer Tat ertappt, wie sie Esswaren für einen hungernden Mann nahm. Obwohl sie dafür arg geschlagen wurde, fuhr sie heimlich damit fort, den Armen Nahrung zu geben, da sie es einfach nicht ertragen konnte, dass jemand leiden musste.

Immer wenn sie Milch entwendete, ergänzte sie den Rest mit Wasser, damit niemand merken sollte, dass etwas fehlte. Damayanti wusste nicht, dass das Essen und die Milch, die

Sudhamani mitnahm, zu den Not leidenden Familien kam, mit denen Sudhamani befreundet war.

Manchmal, wenn Sudhamani draußen herumlief, begegnete sie unterernährten Kindern, die alleine umher wanderten, weil ihre Eltern nicht in der Lage waren, sich richtig um sie zu kümmern. Sudhamani nahm sie mit nach Hause. Sie gab ihnen zu essen, wusch sie und brachte sie schließlich zu ihren Elternhäusern zurück.

Auch Sudhamanis Brüder und Schwestern nutzten ihr gutes Herz aus. Sie entwendeten oft Essen aus der Küche und wenn Damayanti merkte, dass irgendetwas fehlte, dann zeigten sie auf Sudhamani und sagten: „Sie hat es getan!". Obwohl Sudhamani genau wusste, wer der eigentliche Dieb war, sagte sie nie etwas zu ihrer eigenen Verteidigung. Sie blieb still und ließ sich von Damayanti für die Taten der anderen bestrafen. Manchmal fühlten sich die Brüder und Schwestern schlecht für das, was sie getan hatten und beichteten ihren Eltern, dass die Kleine unschuldig sei. Sudhamanis Eltern fragten sie daraufhin immer wieder, weshalb sie die Schuld und die Bestrafung auf sich nehme, ohne sich auch nur mit einem Wort zu verteidigen. Sudhamani sagte: „Es macht mir nichts aus, für andere zu leiden, für die Fehler, welche sie in ihrer Unwissenheit begehen." Eines Tages begegnete Sudhamani einer sehr armen Familie. Sie hatten überhaupt nichts zu essen. Sudhamani wollte ihnen unbedingt helfen. Sie versuchte, ihnen etwas zu essen aufzutreiben, aber es war nichts im Haus. Sie konnte auch kein Geld finden. Sie dachte aber, dass sie diese Familie nicht einfach hungern lassen könne, und so nahm sie einen goldenen Armreif ihrer Mutter und verschenkte ihn. Als ihr Vater nach Hause kam und erfuhr, was sie getan hatte, explodierte er vor Wut. Er band sie an einen Baum und peitschte sie aus, bis ihr kleiner und dünner Körper zu bluten begann.

## Die kleine Heilige

Obwohl Sudhamani so behandelt wurde, nahm sie es niemandem Übel. Sie liebte Gott dermaßen, dass sie einfach nicht anders konnte als alle anderen auch zu lieben. Sie liebte sogar jene, die sie schlecht behandelten. Sie fühlte, dass alle ein Teil Gottes waren. Sie glaubte, dass was auch immer ihr geschah, es Gottes Wille war, auch wenn es schmerzhaft war – und so akzeptierte sie es. Anstatt sich über die Strafen zu ärgern, veranlasste ihr Leiden sie, sich mehr und mehr ihrem geliebten Krishna zu zuwenden; es hatte zur Folge, dass sie sich mehr als alles andere in dieser Welt nach ihm sehnte. Sie verstand, dass nur Gott ihr echter Freund war, und dass nur Gott ihr wirklicher Vater und gleichzeitig ihre wahre Mutter war. Weil Sudhamani für alle die gleiche Liebe empfand, nannte sie alle Frauen ‚Mutter', und alle Männer ‚Vater'. Ihr Vater Sugunanandan mochte dies gar nicht. Er schimpfte mit ihr, weil sie fremde Leute Mutter und Vater nannte. Da sagte ihm das junge Mädchen: „Ich habe meine wahre Mutter und meinen wahren Vater noch nie gesehen, daher sind alle Menschen meine Mutter und mein Vater."

Obwohl alle im Dorf von Sudhamani begeistert waren, stand ihr niemand sehr nah, denn sie fühlte, dass Krishna ihr bester Freund war. Sie hatte auch eine ganz besondere Zuneigung zu Tieren. Wenn sie jeweils die Kühe, Ziegen, Hunde, Vögel und andere Kreaturen betrachtete, konnte sie ihren geliebten Krishna in jedem einzelnen erkennen. Sie redete zu den Tieren indem sie sich vorstellte, dass sie Krishna waren. Auf diese Art erzählte sie ihrem Herrn all ihren Kummer. Manchmal, wenn eine Kuh sich zum Ausruhen niederlegte, legte sich Sudhamani neben ihr hin. Sie kuschelte sich ganz fest an die Kuh, legte ihren Kopf auf deren Körper und malte sich aus, dass sie in Krishnas Schoss lag.

# KAPITEL DREI

# Das Leben als Dienstmädchen

So vergingen die Jahre und Sudhamani arbeitete weiterhin für ihre Familie. Aber die ganze Zeit, Tag und bei Nacht, weilte ihr *Mind* [3] bei ihrem geliebten Krishna. Sudhamani war nun 13 Jahre alt.

Es war schwierig für die Leute in der Region Dienstpersonal zu finden. Als Sudhamanis Verwandte eine Dienstmagd benötigten, wurde entschieden, dass Sudhamani für ihre Großmutter, Tanten und Onkel arbeiten solle.

Das Haus ihrer Großmutter war sechs km entfernt. Um dorthin zu gelangen, konnte man entweder ein Boot nehmen oder am Strand entlang gehen. Jeden Tag benützte Sudhamani für den langen Weg zum Haus ihrer Großmutter und zurück eine kleinen Fähre. Während sie im Boot saß, genoss sie es ins blaue

---

[3] *Mind* = der Fluss, all unserer Gedanken, Gefühle, Konzepte, innewohnenden Neigungen und Überzeugungen und Angewohnheiten, der mit dem Pendel einer Uhr verglichen werden kann. Wie das Pendel einer Uhr schwingt der Mind ununterbrochen von Glück zu Leid und wieder zurück.

Wasser zu schauen und sich vorzustellen, dass sie Krishna von da anlächelt. Sudhamani liebte es zum Summen des Bootmotors die heilige Silbe ‚OM' zu singen. Wenn sie dies tat, füllte sich ihr Herz mit so viel Freude, dass sie daraufhin innig ein Lied sang. Die anderen Passagiere des Bootes genossen dies sehr.

Eines Tages hörte Damayanti auf, ihr Geld für die Bootsfahrt zu geben. „Du kannst ebenso gut laufen", sagte sie zu Sudhamani. Diese war darüber jedoch überhaupt nicht unglücklich. Sie sagte sich: „Es gibt überhaupt keinen Grund unglücklich zu sein. Nun, da ich zu Fuß gehen muss, habe ich Gelegenheit, alleine zu sein und kann somit an Gott denken."

So begann sie am folgenden Morgen dem Strand entlang zum Haus ihrer Großmutter zu wandern. Wann immer Sudhamani dem Ozean lauschte, hörte es sich an, als würden die Wellen die heilige Silbe ‚OM' singen. Nun, an diesem Morgen, hörte sie die Wellen gemächlich ‚OM...OM...OM...', singen und sie fühlte sich dadurch Gott so nahe, dass sie von Glückseligkeit überwältigt wurde. Während sie so dahin lief, begann sie dem Herrn ein Lied zu singen. Als sie zum Ozean hinaus blickte, erinnerte sie das blaue Wasser an die blaue Farbe Krishnas. Sie schaute zum Himmel hinauf, wo zarte, blaugraue Wolken vorbei glitten. Auch diese Farbe erinnerte sie an ihn. Während sie den Ozean und den Himmel betrachtete, begann sie sich derart nach dem Herrn zu sehnen, dass sie in Tränen ausbrach. Ihr *Mind* war so sehr mit Krishna beschäftigt, dass sie die Welt um sich herum komplett vergaß. Wieder schaute sie zum Wasser hinaus, doch alles was sie sehen konnte, war Krishna! Und, ach, wie wunderschön er doch war! Sudhamani stolperte an den Rand des Wassers und versuchte die Wellen zu umarmen, mit dem Gefühl, dass diese Krishna seien. Mit durchnässten Kleidern setzte sie ihren Gang dem Strand entlang fort während sie laut seinen Namen rief. ‚Krishna! Oh, Krishna!', rief sie immer und immer wieder. Sie war mit so viel Liebe für ihn erfüllt, dass sie nicht mehr wusste, was sie tat. Ihre Schritte wurden langsamer und langsamer bis sie schließlich anhielt und in den Sand fiel. Da lag sie nun wo sie gerade war, ohne jegliches Bewusstsein. Sie konnte weder den Sand noch den Ozean noch den Himmel sehen – da war nur Krishna. Der Herr war überall und sie badete in Glückseligkeit. Sie vergaß, dass sie eigentlich zum Haus ihrer Großmutter hätte gehen sollen. Einige Stunden später, als sie sich schließlich ihrer Umwelt wieder bewusst wurde, stand sie auf und setzte ihren Weg fort. Es passierte sehr oft, dass sie sich auf diese Weise verspätete.

Im Haus ihrer Großmutter bekam Sudhamani sehr viel Arbeit. Sie tat ihr bestes und arbeitete so hart, wie sie nur konnte. Ihre Großmutter war sehr zufrieden mit ihr und behandelte sie liebevoll. Eines Tages wurde das Mädchen mit ungeschältem Reis zu einer Mühle gesandt, um diesen schälen zu lassen. Auf dem Weg dorthin musste sie durch ein Dorf, in dem viele Familien so arm waren, dass sie nicht einmal genug zu essen hatten. Sudhamani war untröstlich als sie sah, wie sehr sie leiden mussten. Später, als sie von der Mühle zum Haus ihrer Großmutter zurückkehrte, begegnete sie einer Familie, die bereits seit drei Tagen nichts mehr gegessen hatte. Ohne auch nur einen Moment zu zögern, gab sie ihnen etwas vom Reis ab, welchen sie bei sich trug. Als sie nach Hause kam, bemerkte ihre Großmutter, dass Reis fehlte. Sie bat das Mädchen um eine Erklärung. Aber Sudhamani wollte nicht, dass ihre Großmutter erfährt, dass sie jemandem geholfen hatte. Sie befürchtete, dass wenn sie es erzähle, ihre Großmutter zu der armen Familie ginge und sich mit ihnen zanken würde, und dann würden sie sich gedemütigt fühlen. Um die Familie also zu schützen, sagte sie kein Wort. Die Großmutter dachte, dass Sudhamani den Reis verkauft und sich mit dem Geld Süßigkeiten gekauft habe. Sudhamani wurde bestraft. Es passierte noch ein paar Mal, dass die Großmutter bemerkte, dass ein wenig Reis fehlte. Aber egal wie hoch die Strafe war, verriet Sudhamani nie, was sie eigentlich damit getan hatte.

Es machte Sudhamani glücklich, dass ihre Großmutter Krishna ebenfalls liebte. In einem Zimmer des Hauses hing ein großes Bild des Herrn. Wann immer Sudhamani einen freien Augenblick hatte, ging sie hin und stand davor. Sudhamanis Onkel liebte sie sehr und als er Sudhamani da stehen und zum Bilde singen sah, brachte er ihr einen Hocker zum Sitzen. Sie zeigte auf das Bild und sagte: „Schau, Onkel! Krishna steht. Wie kann ich sitzen, wenn er steht?" Für Sudhamani war das Bild nicht einfach aus Papier und Farbe – es war der echte Krishna, der in Fleisch und Blut vor ihr stand.

Die Nachbarn ihrer Großmutter waren verzaubert von Sudhamanis Liedern. Sie kamen oftmals zum Haus hinüber, nur um Sudhamani singen zu hören. Ihre Herzen waren mit Hingabe erfüllt, wenn sie ihre Kompositionen hörten. Allmählich lernten sie die Lieder und begannen, diese in ihren eigenen Puja-Räumen zu singen.

Die Jahreszeiten kamen und vergingen wieder. Im darauf folgenden Jahr wurde Sudhamani als Magd zu ihrer Tante gesandt. Wie üblich wurde ihr eine riesige Menge Arbeit aufgebürdet, denn ihre Cousins und Cousinen empfanden es als Schande, irgendwelche Hausarbeit verrichten zu müssen. Die älteren unter ihnen glaubten nicht an Gott und wann immer sie Gelegenheit hatten, hänselten sie das Mädchen erbarmungslos wegen ihrer Liebe zu Krishna. Sie versuchten sogar es davon abzuhalten, ihre Lieder zu singen. Wenn sie es schafften, Sudhamani am Singen zu hindern, vergrub sie ihr Gesicht in ihren Händen und brach in Tränen aus. Man konnten sie jedoch vielleicht vom Singen abhalten, aber nicht davon, ihren Herrn zu lieben.

Sudhamani bekam auch den Auftrag ihre Cousins und Cousinen über die Backwaters in die Schule zu bringen. Während die

Kinder im schmalen, hölzernen Boot saßen, stand Sudhamani am Heck und manövrierte das Boot mit einem langen Bambusstab durch das Wasser. Weil sie dabei aber plötzlich und ohne Vorwarnung in einen Zustand völliger Vertiefung in Gott zu gleiten pflegte, geriet Sudhamani manchmal in gefährliche Situationen.

Eines Tages, als Sudhamani ihre Arbeit, ungeschälten Reis zu dreschen beendet hatte, hatte sie einen Moment Zeit für sich. Sie stieg in ein kleines Boot und begann die Backwaters entlang zu rudern, während sie die natürliche Schönheit um sich herum sehr genoss. Die kleinen Wellen neben dem Boot glänzten wie reines Silber und der Himmel war von unzähligen graublauen Wolken übersät. Die Wolken zu erblicken, erfüllte Sudhamani mit Glück, denn, wie üblich, erinnerte die Farbe sie an ihren wunderbaren Krishna. Plötzlich ging ihr *Mind* vollkommen in ihm auf. Der ganze Himmel war mit Krishna erfüllt. Sie vergaß völlig, dass sie in einem Boot saß. Sie war sich nicht einmal ihrer selbst bewusst. Ihr ganzes Wesen war von einer unbeschreiblichen Freude und Glückseligkeit durchdrungen. Die Ruder fielen ihr aus den Händen. Als sich das Boot hierhin und dorthin über das Wasser bewegte, saß sie bewegungslos wie eine Statue, in Glückseligkeit verloren.

Plötzlich stürmte ein großes Motorboot die Backwaters hinunter. Es war ein Passagierschiff, welches direkt auf Sudhamanis kleines Boot zusteuerte. Der Kapitän muss das Hindernis übersehen haben, aber einige Passagiere nicht. Sie schrien und kreischten, um ihre Aufmerksamkeit zu erwecken. Aber Sudhamani war glücklich in der Welt des Krishna verloren. Sie konnte weder jemanden hören, noch konnte sie das schnelle Boot sehen – sie hatte keine Ahnung was gerade passierte. Auch eine Gruppe von Leuten, welche am Ufer standen, versuchten sie zu warnen. Sie schrien und warfen Steine ins Wasser. Aber der Herr ließ Sudhamani, deren *Mind* so auf ihn fixiert waren, nichts zustoßen! Kurz bevor das Passagierboot mit Sudhamanis kleinem Boot zusammen stoßen und es in tausend Stücke reißen konnte, wurde sie ihrer Umwelt wieder gewahr. Sie erkannte vage, dass sie sich in einer gefährlichen Situation befand. Im letzten Moment konnte sie das Boot aus der Gefahrenzone rudern, so dass das große Schiff sie knapp verfehlte.

Nachdem Sudhamani ein Jahr bei ihrer Tante gedient hatte, wurde sie zum älteren Bruder ihrer Mutter und seiner Frau zur Arbeit gesandt. Zu Beginn waren die beiden sehr zufrieden mit ihr, denn sie arbeitete sehr hart und tat alles sehr perfekt.

In dieser Gegend lebten verschiedene arme, muslimische Familien. Viele von ihnen hatten nicht genug Essen, um ihre Kinder zu ernähren. Sudhamani konnte es nicht ertragen diese leiden zu sehen, so nahm sie was auch immer sie an überschüssiger Nahrung, Kleidung oder anderen Sachen im Haus ihres Onkels finden konnte und schenkte es heimlich denen, die bedürftig waren. Als ihr Onkel und ihre Tante herausfanden, was sie getan hatte, schlugen sie Sudhamani ganz schrecklich. Von da an mochten sie Sudhamani nicht mehr und waren ganz gemein zu ihr. Letzten Endes beschloss Sudhamani, dass sie genug hatte, verließ sie und ging nach Hause. All ihren Verwandten war ihre Gewohnheit, Nahrung und Kleider einfach zu nehmen und den Armen zu verteilen, bekannt. Viele hatten Angst, dass sie auch zu ihnen nach Hause kommen und ihr Hab und Gut verschenken würde. Von da an wollten ihre Verwandten nichts mehr mit ihr zu tun haben. Sie durfte ihren Fuß nicht in ihre Häuser setzen. So kam es, dass Sudhamani nicht mehr für ihre Verwandten arbeiten musste.

# KAPITEL VIER

# Sehnsucht nach Krishna

Sudhamani war 16 Jahre alt als sie nach Hause zurückkehrte. Wiederum übernahm sie alle Hausarbeiten – zum Herrn singend und seinen Namen beständig wiederholend während sie arbeitete. Sie meditierte auch während jeder freien Minute. Wegen ihrer intensiver Hingabe und Sehnsucht nach Gott strömten ihr bei der Arbeit oftmals Tränen die Wangen hinunter.

Damayanti war zutiefst beschämt über den schlechten Ruf ihrer Tochter unter ihren Verwandten. Aus diesem Grunde behandelte sie sie noch schlimmer als zuvor, egal wie einwandfrei Sudhamani ihre Arbeit auch verrichtete. Sudhamani hatte nur wenige Kleider. Ihre Geschwister hatten viele edle Kleidungsstücke, aber sie bekam selten etwas. Eines Tages gab ihr jemand eine karierte Bluse, und freudig zog sie sie an. Als ihr Bruder Subhagan sah, dass sie eine neue Bluse trug, befahl er ihr, diese sofort auszuziehen. Er entriss ihr die Bluse und zündete sie vor

ihren Augen an. Er schrie sie an: „Du ziehst diese farbigen Dinger nur an, um Aufmerksamkeit zu erregen!" Eines Tages bestrafte Damayanti Sudhamani, weil sie sich die gelbe Jacke ihrer Schwester ausgeliehen hatte. Von da an entschloss sich Sudhamani, nur diejenigen Kleidungsstücke zu tragen, welche sie von Gott erhält. In anderen Worten, sie würde die alten und ausgetragenen Kleider anziehen, welche von den Leuten weggeworfen wurden. Die Kleider, die sie fand, waren zerrissen und voller Löcher. Sie schaffte es aber irgendwie, diese mit einem Faden aus einem alten Stoff zu flicken.

Subhagan ließ Sudhamani nicht mit den Mädchen ihres Alters verkehren, weil er dachte, dass diese einen schlechten Einfluss auf sie ausüben würden. Wenn Sudhamani jeweils Trinkwasser vom Dorfbrunnen holen ging, wagte sie es nicht, mit den Dorfmädchen zu schwatzen, weil, wenn Subhagan es herausbekäme, er sie schrecklich bestrafen würde. So durfte Sudhamani, obwohl sie ein Teenager war, nur mit ganz kleinen Kindern spielen. Sudhamani war dennoch erfreut darüber, denn sie liebte kleine Kinder, und wenn sie gerade nicht mit ihnen zusammen war, zog sie es vor mit dem Herrn alleine zu sein. Sudhamani hatte eine sehr liebevolle und zärtliche Natur und war deswegen stets von Kindern umgeben. Sie fühlten sich zu ihr hingezogen, als wäre sie ein Magnet. Wann immer die Kinder Gelegenheit dazu fanden, eilten sie herbei, um mit ihr zu spielen. Sie folgten ihr frohen Mutes, wenn sie Futter für die Ziegen suchte. Wenn Sudhamani auf einen Baum kletterte, um die Blätter zu pflücken, machte sie ohne zu überlegen die Töne einer Flöte nach – Krishnas Flöte. Sie fühlte, dass sie selbst Krishna war und dass die Mädchen und die Jungen die *Gopis* und *Gopas*, die Milchmädchen und die Kuhhirten von Vrindavan waren. Sie spielten kleine Szenen aus Krishnas Kindheit nach und sangen ihre Lieder zum Herrn. Dadurch entstand eine starke Bindung der Liebe zwischen Sudhamani und den Kindern. Die Kinder konnten sich nicht von ihr fern halten. Sie fühlten sich glücklich in ihrer Gegenwart.

Sudhamani bemerkte, dass ein paar ihrer Nachbarinnen ihren Lebensunterhalt mit dem Nähen von Kleidern verdienten. Da kam sie auf eine Idee und beschloss, das Schneidern zu lernen. Sie dachte, dass wenn sie Nähen lernen würde, könne sie genügend Geld verdienen, um den Armen zu helfen. Zu Beginn wollten ihre Eltern nichts davon wissen, aber Sudhamani weigerte sich aufzugeben. Sie bat so lange darum, bis sie nachgaben. So ging sie für einige Stunden täglich in eine Nähschule, die von einer nahe gelegenen Kirche organisiert wurde. Während die anderen Mädchen ihrer Klasse beieinander saßen und über Jungen, Schauspieler und die neueste Mode klatschten, saß Sudhamani alleine da und sang beim Nähen Lieder zu Ehren ihres geliebten Krishna. Sie sang mit so viel Hingabe, dass ihre Tränen auf die Nähmaschine tropften. Obwohl der Pfarrer ein Christ war, bewegte ihn Sudhamanis Hingabe zu ihrem Herrn zutiefst und sie wuchs ihm ans Herz.

Manchmal nahm Sudhamani ihre Stickerei und setzte sich in den Friedhof. Es war so still und friedlich dort. Sie sprach zu den verstorbenen Seelen und fragte sie, ob sie glücklich seien. Sie sang ihnen auch heilige Lieder, so dass ihre Seelen in Frieden ruhen konnten. Dann und wann ging sie in die Kirche, stand lange vor einer Statue des gekreuzigten Jesus Christus und betrachte sie. Der Anblick dieser Statue bewegte sie zutiefst. Eines Tages, als sie dastand und die Statue wieder betrachtete, fühlte sie, dass Krishna und Christus ein und dieselben waren, und sie versank in den Zustand von *Samadhi*. Als sie sich ihrer Umwelt wieder bewusst wurde, dachte sie über die gewaltigen Opfer von Jesus Christus und Krishna sowie deren außergewöhnliche Liebe zu den Menschen nach. Sie brach in Tränen aus während sie dachte:

„Sie opferten alles zum Wohle der Menschheit! Die Menschen hatten sich gegen sie gewendet und dennoch liebten sie auch jene, die sie hassten. Wenn sie dies konnten, so werde ich es sicherlich auch können." Sudhamani war eine gute Schülerin und erlernte die Nähkunst schnell. Als sie die Schule verließ, war der Priester so unglücklich, dass er weinte. Er sagte zu ihrem kleinen Bruder Satheesh: „Sudhamani wird in Zukunft eine große Persönlichkeit werden. Wart es nur ab."
Bald begann Sudhamani für die Dorfbewohner zu nähen. Wie geplant nutzte sie das bisschen Geld, welches sie verdiente, um den Armen zu helfen.

Manchmal, des Nachts, ging Sudhamani nach draußen, um den Mond und die Sterne zu betrachten. Sie sagte: „Oh, meine teuren Freunde, habt ihr Krishna gesehen? Zarter Wind, hast Du ihn liebkost? Oh, stiller Mond und glitzernde Sterne, sucht auch ihr nach Krishna? Falls ihr ihn findet, richtet ihm bitte aus, dass ich auf ihn warte. Ich möchte ihn sehen!"

Tag und Nacht konzentrierte sie sich auf den Herrn, sang zu ihm, betete zu ihm und wiederholte seinen Namen. Ihr *Mind* schweifte nicht einen Moment von ihm ab.

Endlich kam der Tag, an dem er ihr erschien. Zuerst erschien er ihr als verschmitztes, liebenswertes Baby Krishna, oder *Kanna*, wie Baby Krishna auch genannt wird. Dann sah sie ihn als er etwas älter war, als *Gopala*, der göttliche Kuhhirte, mit einer Pfauenfeder in seinem Haar und einer Flöte in der Hand. Schließlich sah sie den glorreichen Krishna, den Herrn ihres Herzens. Sudhamani war vor Glück berauscht. Sie schloss sich im Puja-Zimmer ein und tanzte über Stunden in der süßen Glückseligkeit des Gottesbewusstseins.

Von da an erlebte Sudhamani manch wundervolle Vision von Krishna. Wann immer sie spazieren ging, sah sie den Herrn an ihrer Seite gehen und er erschien ihr oft spät in der Nacht. Er neckte sie in seiner verschmitzten Art und brachte sie zum Lachen. Der Göttliche Flötenspieler nahm ihre Hände und tanzte mit ihr auf einem Teppich aus duftenden Blütenblättern. Er führte sie hoch über die Wolken und zeigte ihr andere Welten und viele wundervolle Sachen.

Nun erfuhr Sudhamani, dass tatsächlich alles in der Natur Krishna war. Wann immer es regnete, schienen die Regentropfen den Klang ‚Om' zu erzeugen, und sie sang glücklich zu deren Melodie. Sie sah Krishna in jedem einzelnen Regentropfen. Sie konnte keine einzige Blume pflücken, denn jede Blume war Krishna und sie wollte ihn nicht verletzen. Wenn der Wind blies, hatte sie das Gefühl, dass Krishna sie liebkoste. Wenn sie ging, war der Boden Krishna – ja jedes einzelne Sandkorn war Krishna. Sie erfuhr nach und nach, dass es keinen Unterschied zwischen ihr und Krishna gab.

Es wird gesagt, dass du zu dem wirst woran du denkst, und da Sudhamanis Liebe und Sehnsucht nach Krishna so intensiv war, weil ihr *Mind* immer bei ihm war, wurde sie allmählich selbst zu Krishna. Sie wurde Eins mit ihm. Doch für lange Zeit wurde niemand dessen Gewahr. Obwohl sie äußerlich noch wie das gleiche Dorfmädchen aussah - klein und dünn mit langem und lockigem Haar und einem wunderschönen Gesicht mit Augen, welche außergewöhnlich strahlten und voller Liebe leuchteten – innerlich war sie Eins geworden mit dem Herrn.

# KAPITEL FÜNF

# Krishna Bhava

Als Sudhamani gefragt wurde, wie sie in solch jungem Alter Selbst-Verwirklichung erlangen konnte, sagte sie: „Von klein auf liebte ich den Namen Gottes von ganzem Herzen. Ich liebte ihn so sehr, dass ich Krishnas Namen mit jedem Atemzug wiederholte. Egal wo ich war oder was ich gerade tat, mein *Mind* war immer auf den Herrn gerichtet. Es würde all jenen, welche den Zustand der Selbst-Verwirklichung erlangen wollen, in großem Masse helfen, wenn sie ohne Unterbruch an Gott denken würden."

Unterdessen stand Sudhamani Krishna so nahe, dass wenn sie auch nur den Namen Krishna hörte, ihr *Mind* augenblicklich in der Einheit verschmolz, das sie alles andere um sich herum vergaß. Sie verbrachte so viel Zeit wie nur möglich alleine, um ihre Einheit mit dem Herrn zu genießen. Eines Tages sprach Krishna zu ihr. Er sagte: „Abertausende von Menschen leiden in dieser Welt. Du und ich sind Eins. Durch dich will ich einiges bewirken." Bald darauf offenbarte Sudhamani ihr Eins-Sein mit Krishna der Welt. Und das passierte so:

An einem späten Nachmittag war Sudhamani gerade fertig mit Gras schneiden für die Kühe und zusammen mit ihrem

## Krishna Bhava

Bruder Satheesh auf dem Heimweg. Sie trug einen großen Grasballen auf dem Kopf. Wie gewohnt war sie in einer göttlichen Stimmung und sang während des Gehens. Als die beiden am Haus ihrer Nachbarn vorbeikamen, blieb Sudhamani plötzlich stehen. Die Nachbarn saßen im Hof. Wie jeden Monat, lasen sie über das Leben Krishnas aus dem *Srimad Bhagavatam*. Sie hatten gerade über Krishnas Geburt gelesen und sangen eine Hymne über ihn.

Sudhamani stand völlig still, während sie dem Lied lauschte. Plötzlich veränderte sich ihre Stimmung. Der Grasballen, den sie trug, fiel zu Boden. Sie rannte in den Hof und stand in Mitten der Leute. Ihre Arme waren erhoben und ihre Hände formten spontan heilige *Mudras*. Sie war von göttlicher Seligkeit überwältigt und konnte ihre Einheit mit Krishna nicht mehr verbergen. Plötzlich und zum großen Erstaunen der Leute, sahen sie wie sich Sudhamanis Gesicht veränderte. Es war Krishnas strahlendes Gesicht, welches sie vor sich erblickten. Es war der Herr selbst, der sich unter sie begab. Sudhamani war in *Krishna Bhava* – der göttlichen Stimmung Krishnas. Sie bat jemanden um Wasser. Daraufhin berührte sie es und besprühte alle mit dem Wasser, das durch ihre Berührung heilig geworden war.

Die Nachricht über Sudhamanis Transformation verbreitete sich in Windeseile durch das Dorf und bald schon war eine große Ansammlung von Menschen im Hof. Aber unter denen, die kamen, waren auch solche, die nicht an die Verwandlung glaubten. Sie dachten Sudhamani tue nur einfach so. Sie sagten zu ihr: „Wenn du wirklich Krishna bist, solltest du es uns beweisen können, indem du vor uns ein Wunder wirkst. Wie können wir dir sonst Glauben schenken?"

Zuerst weigerte sich Sudhamani. Sie sagte zu ihnen: „Ich bin keineswegs daran interessiert irgendjemanden Glauben zu machen, indem ich Wunder vorführe. Ich habe keinerlei Wunsch euch irgendwelche Wunder zu zeigen. Ich möchte die Menschen motivieren, sich nach Gott zu sehnen – ich möchte, dass die Menschen nach der Selbst-Verwirklichung streben. Wunder sind kein wesentlicher Teil der Spiritualität. Außerdem, wenn ich Euch jetzt ein Wunder zeige, werdet ihr bald noch eines verlangen. Ihr werdet danach fragen, immer und immer wieder. Ich bin nicht zur Welt gekommen, um Begierden zu wecken, sondern um sie zu zerstören. Der wirkliche Schatz ist eurem Inneren enthalten. Warum also wollt ihr eine Imitation? Das wahre Selbst ist in euch, aber eure Unwissenheit verbirgt es."

Aber die Zweifler gaben nicht nach. Sie sagten: „Wir versprechen dir, dass wir dich nicht noch einmal darum bitten werden."

Schließlich stimmte Sudhamani zu. Sie sagte: „Ich werde es dieses eine Mal tun, um euch den Glauben zu geben. Aber ihr sollt nie wieder mit einem solchen Wunsch zu mir kommen. Alle, die zweifeln, können hierher kommen, wenn das nächste Mal im *Srimad Bhagavatam* gelesen wird."

Als die Nachbarn wieder im *Srimad Bhagavatam* lasen, versammelte sich eine große Menschenmenge in ihrem Hof. Es waren so viele, dass nicht alle Platz hatten und draußen vor dem Zaun stehen mussten. Die Leute, die kamen waren beides, Gläubige und Nichtgläubige. Ein paar der Ungläubigen kletterten auf die Bäume und auf die umliegenden Hausdächer. Von dort konnten sie alles sehen, was im Hof vor sich ging. Sie dachten, dass sie bald beweisen könnten, dass Sudhamani nur so tat als ob, und sie überhaupt nicht heilig war. Sie wollten sie zum Narren machen.

Im Hofe der Nachbarn versank Sudhamani erneut in *Krishna Bhava*. Daraufhin bat sie den größten Zweifler einen Krug voll Wasser zu bringen. Genauso wie sie es beim letzten Mal tat, besprühte sie alle mit dem Wasser, um sie zu segnen. Dann bat sie den Mann, seinen Finger erneut in den Krug mit dem übrig gebliebenen Wasser zu tauchen. Er tat das und sah, dass sich das

## Krishna Bhava

Wasser in Milch verwandelt hatte. Sudhamani gab allen etwas von der Milch als *Prasad*, als heiliges Geschenk Gottes.

Sie rief noch einem weiteren Mann, der ebenfalls nicht daran glaubte, er solle seinen Finger in den Krug tauchen. Und siehe da! Die restliche Milch hatte sich in süßen Pudding, der *Panchamritam* genannt wird, verwandelt. Als alle sahen, was geschehen war, verstanden sie endlich, dass wirklich Krishna vor ihnen stand und sie riefen: „Oh Gott! Oh Gott!" Das *Panchamritam* wurde an mehr als tausend Leute verteilt, und nachdem alle davon bekommen hatten, war der Krug immer noch voll. Der süße Duft des *Panchamritam* blieb noch einige Tage an allen Händen haften. Diese Verwandlung machte auf viele Dorfbewohner einen tiefen Eindruck. Sie waren nun davon überzeugt, dass Sudhamani eine außergewöhnliche Person war. Sie erkannten, dass Sudhamani ein *Mahatma*, eine große Seele war.

Jahre später, als Sudhamani über die Anfangszeit des *Krishna Bhava* sprach, sagte sie: „Ich war in der Lage, alles über alle zu wissen. Ich war mir völlig bewusst, dass ich Krishna war, nicht nur während des *Krishna Bhavas*, sondern auch sonst. Als ich die Leute sah und mir ihrer Leiden bewusst wurde, taten sie mir so leid. Ich kannte die Probleme eines jeden, ohne dass darüber gesprochen wurde."

Von da an erschien Sudhamani öfters im *Krishna Bhava* an der Meeresküste. Am Anfang, legte sie sich auf den Ast eines Banyan Baumes, welcher am Strand wuchs. Der Ast, auf den sie sich hinzulegen pflegte, war sehr dünn und zerbrechlich, aber er brach nie, da sich Sudhamani so leicht wie eine Feder machen konnte.

Dieser Ort wurde zu einem weiteren *Vrindavan*, zu Krishnas Heim. Die Devotees Sudhamanis saßen ihr beim *Krishna Bhava* gegenüber und sangen Hymnen zu Ehren Krishnas, während sie alle segnete. Die Luft war erfüllt von göttlicher Freude.

Die Nachricht über das wundervolle *Krishna Bhava* verbreitete sich schnell. Es kamen Menschen von Nah und Fern, aus ganz Kerala und aus verschiedenen Orten in Indien, um Sudhamani zu sehen. Viele suchten bei Ihr Hilfe, da sie in irgendeiner Weise Leid erfahren hatten. Manche waren krank, einige waren sehr arm oder sie hatten andere Probleme. Aber unabhängig davon welcher Art ihre Sorgen waren, stellten sie alle fest, dass durch Sudhamani ihre Probleme auf rätselhafte Weise verschwanden. Die Menschen, welche zu ihr kamen, verehrten und schätzten sie sehr, aber sie selbst war stets so bescheiden, dass sie nicht einen Moment daran dachte, dass sie etwas Außergewöhnliches sein könnte.

An den Tagen, an denen kein *Krishna Bhava* stattfand, fuhr Sudhamani zu Hause mit der Arbeit fort und kümmerte sich um die Familie. Aber die Arbeit wurde zunehmend schwieriger für sie, da sie sich immer öfter im Zustand der Seligkeit verlor.

Sudhamanis Eltern beschlossen, dass es nun für ihre Tochter an der Zeit sei zu heiraten. Doch Sudhamani weigerte sich. Sie hatte keinerlei Absicht eine Familie zu gründen. Ihre Eltern versuchten, sie verschiedenen jungen Männern vorzustellen, doch sie wollte nichts mit ihnen zu tun haben. Wann immer ihre Eltern einen möglichen Bräutigam nach Hause brachten, tat Sudhamani als ob sie verrückt sei; sie kreischte und schrie und versuchte so bedrohlich wie nur möglich auszusehen, bis der junge Mann und seine Familie schließlich solche Angst bekamen, dass sie davon liefen. Darauf gingen ihre Eltern zu einem Astrologen, der nichts über Sudhamani wusste. Er las ihr Horoskop und sagte ihnen, dass ihre Tochter eine göttliche Seele sei und sie nicht einmal daran denken sollten, sie zu verheiraten. So gaben ihre Eltern die Idee auf, ihr einen Ehemann zu suchen.

# KAPITEL SECHS

# Sudhamanis Wunder

Als sich einmal eine große Menschenmenge zum *Krishna Bhava* am *Banyan* Baum versammelt hatte, begann es plötzlich stark zu regnen. Es gab aber nirgends ein Dach, unter dem sich die Leute vor dem Wolkenbruch hätten schützen können, also blieben sie nahe dem Baum stehen und dachten, dass sie völlig durchnässt würden. Doch zu ihrem großen Erstaunen stellten sie fest, dass, obwohl es um sie herum in Strömen goss, an der Stelle, an der sie standen, nicht ein einziger Tropfen Regen fiel.

Am Strand gab es eine giftige Kobra Schlange, welche die Menschen in Angst versetzte, vor allem nachts. Die Dorfbewohner sahen die Schlange oft und fürchteten sich, in der Dunkelheit den Strand entlang zu gehen. Einige Bewohner gingen zu Sudhamani und baten sie um Hilfe.

Eines Abends, während des *Krishna Bhava*, kroch die Schlange neben dem Banyan Baum hervor. Als die Menschen das Tier erblickten, liefen sie davon und brachten sich in einiger Entfernung in Sicherheit. Doch Sudhamani zeigte keine Spur von

Angst. Sie ergriff die Kobra, hob sie zu ihrem Gesicht hinauf und berührte die züngelnde Zunge der Schlange mit ihrer eigenen Zungenspitze! Dann ließ sie die Schlange los. Sie schlängelte davon und die Dorfbewohner sahen sie nie wieder.

Einmal passierte es, dass die Kinder der Meeresmutter, wie die Fischerleute auch genannt wurden, hungern mussten, da sie seit einigen Tagen nichts mehr gefangen hatten. Sie kamen während des *Krishna Bhava* zu Sudhamani und klagten ihr ihr Leid. Sudhamani hatte Mitgefühl mit ihnen. Ein paar Tage später tanzte sie am Ufer in einem Zustand der Glückseligkeit. Zur großen Freude der Fischerleute kam ein riesiger Schwarm von Fischen direkt ans Ufer geschwommen. Nie zuvor in der Geschichte des Dorfes fingen die Fischer so viel wie an diesem Tag. Drei Mal rief Sudhamani die Fische ans Ufer, nachdem die Fischerleute sie um Hilfe baten. Danach hörte sie auf, ihnen auf diese Weise zu helfen, weil sie wollte, dass sie für Gott immer wahre Hingabe empfanden und nicht nur dann, wenn sie wieder Fisch brauchten.

Was dachten sich wohl Sudhamanis Eltern über all dies? Sie erlaubten ihr mit dem *Krishna Bhava* fortzufahren, weil sie wirklich daran glaubten, dass Krishna währen dieser Zeit zu ihr kam und ein Teil von ihr wurde. Doch sie glaubten, dies passiere nur während des *Krishna Bhavas,* dass sie jedoch sonst einfach ein verwirrtes Mädchen sei. Sie weigerten sich zu glauben, dass Sudhamani ständig mit Krishna vereint war oder dass sie eine große Seele war. Sugunanandan mochte es nicht, dass das *Krishna Bhava* am öffentlichen Strand abgehalten wurde, direkt neben der Straße. Er fühlte, dass es nicht richtig war für seine Tochter, an einem Ort zu sein, wo alle Arten von Menschen kamen und gingen. Eines Abends während des *Krishna Bhavas* war er aufgrund des Besucherstroms besonders aufgebracht. Sudhamani sagte zu ihm: „Gib mir in diesem Fall einen anderen Ort, an dem ich meine Devotees empfangen kann. Wenn es keinen anderen

Ort gibt, wird der Kuhstall auch ausreichen!" Ihrem Vater gefiel die Idee und er stimmte zufrieden zu.

Sugunanandan baute den Kuhstall um. Er zementierte den Boden und unterteilte den Raum durch eine halbhohe Wand. Die Kühe lebten auf der einen Seite und auf der anderen Seite wurde ein kleiner Tempel für Sudhamani eingerichtet. Wenn man im Tempel stand, konnte man die Tiere auf der anderen Seite der niederen Wand sehen. Um es so richtig schön zu machen, wurden die Wände des Tempels mit geflochtenen Palmblättern bedeckt.

Nun begann Sudhamani *Krishna Bhava* in diesem kleinen Tempel zu halten. Die Devotees brachten ihr eine wunderschöne silberne Krone mit einer Pfauenfeder – Krishnas Krone – die sie tragen sollte. Während sich die Leute in den Tempel begaben, einer nach dem anderen, um sich von ihr segnen zu lassen, ruhte Sudhamanis Fuß jeweils auf einem kleinen Hocker. Sie blickte genauso verschmitzt wie Krishna, mit einem unwiderstehlichen Funkeln in ihren Augen. Sie neckte die Leute oft und brachte sie zum Lachen. Alle fühlten sich in ihrer Gegenwart heiter und unbeschwert. Während sie dastand und allen *Darshan*[4] gab, streckte sie oft ihren Arm über die niedere Wand und ließ ihre Hand auf dem warmen Rücken einer Kuh ruhen.

Ihr Bruder Subhagan hasste den neuen Tempel. Er konnte den seltsamen *Krishna Bhava* seiner Schwester nicht ausstehen. Er brannte vor Wut, als er sah, wie die Leute zu ihr kamen und sie verehrten.

In dem kleinen Tempel gab es eine Öllampe[5] welche während des Krishna Bhava immer angezündet wurde. Eines Tages zerschlug Subhagan die Öllampe und schüttete alles Öl, welches

---

[4] Darshan: Anblick oder in der Gegenwart eines heiligen Wesens zu sein.
[5] Es ist in Indien Tradition, dass man in Hindu Tempeln und zuhause vor dem Altar eine Öllampe anzündet. Dies geschieht immer dann, wenn man eine Form der spirituellen Praxis unternimmt. Es symbolisiert die Überwindung der Dunkelheit.

für die Lampe gebraucht wurde, aus. Kurz vor dem nächsten *Krishna Bhava* begaben sich einige Devotees in den Tempel und entdeckten die zerstörte Lampe auf dem Boden. Es war aber die einzige Lampe, die sie hatten. Als Sudhamani in den Tempel kam und sah wie aufgebracht die Leute waren, bat sie alle, an den Strand zu gehen und einige große Muscheln zu sammeln. Sie wollte die Muscheln als Öllampen verwenden. Aber es war auch kein Öl mehr da, und eine Öllampe lässt sich ohne Öl nicht anzünden. Darauf bat Sudhamani die Devotees, die Muscheln mit Wasser zu füllen, einen Docht in die mit Wasser gefüllten Muscheln zu geben und sie schließlich anzuzünden. Sie taten was von ihnen verlangte wurde und siehe da, ein Wunder geschah! Die ‚Öllampen' brannten die ganze Nacht über sehr hell, obwohl sie mit Wasser anstatt mit Öl gefüllt waren!

Einige Tage später brachte ein Devotees, der nichts von den Geschehnissen wusste, zwei neue Öllampen, welche er Sudhamani überreichte. Er erzählte, dass er einen Traum hatte und in diesem Traum habe ihm jemand gesagt, er solle zwei Öllampen kaufen und sie Sudhamani schenken.

In den Nächten, an denen kein *Krishna Bhava* stattfand, saß Sudhamani draußen und meditierte unter dem mit Sternen übersäten Himmel. Seit sie ein Kind war, liebte sie die Stille der Nacht. Denn dann konnte sie in ihrem göttlichen Zustand alleine sein und ungestört meditieren und in Seligkeit tanzen, ohne dabei von irgendjemandem gesehen zu werden.

Aber es gab einige Leute im Dorf, welche nicht an Gott glaubten und die gegen Sudhamani eingestellt waren. Ihr Vater befürchtete, dass diese kommen würden, um ihr etwas anzutun, wenn sie in Versenkung alleine draußen saß. Er wurde zunehmend unruhiger, bis er schließlich sagte: "Tochter, in der Nacht solltest du ins Haus kommen und schlafen!" Aber Sudhamani sagte: „Vater, ich habe kein Zuhause. Ich ziehe es vor draußen zu schlafen. Gott ist überall. Er ist in mir wie auch überall um mich herum. Daher gibt es keinen Grund, sich Sorgen zu machen. Wenn jemand versuchen sollte mich zu verletzen, so wird Gott mich schützen."

## KAPITEL SIEBEN

# Kind der Göttlichen Mutter

Sudhamani saß eines Tages alleine im Haus ihrer Eltern. Ihre Augen waren offen, aber sie betrachtete nichts im Zimmer. Sie war in tiefster Meditation versunken. Plötzlich erschien vor ihr eine hell leuchtende Kugel aus rotem Licht. Sie hatte die Farbe eines wunderbaren Sonnenuntergangs, nur noch viel leuchtender. Doch obwohl das Licht derart hell war, schien es dennoch so weich und zart wie das Mondlicht. Vor diesem wundervollen Licht erschien Sudhamani die Göttliche Mutter. Die Göttliche Mutter war schöner als irgendjemand, den Sudhamani je zuvor gesehen hatte. Sie trug eine glänzende Krone auf ihrem Haupt. Sie schaute Sudhamani mit endloser Liebe an und lächelte ihr zu. Dann genauso plötzlich wie sie erschienen war, verschwand sie auch wieder. Diese wundervolle Vision versetzte Sudhamani in

solche Aufregung, dass sie aufschrie: „Oh Krishna, meine Mutter ist gekommen! Bitte bringe mich zu ihr! Ich möchte sie so gerne umarmen!" In diesem Moment erschien ihr Krishna. Er hob sie auf und trug sie in eine andere Welt. Sudhamani sah seltsame wie auch wundervolle Dinge – doch sie konnte die Göttliche Mutter nirgends entdecken. Sie rief wie ein kleines Kind: „Ich will meine Mutter sehen! Wo ist meine Mutter?" Und als sie sie nicht finden konnte, begann sie zu weinen.

Nach dieser Erfahrung befand sich Sudhamani noch lange in einem Zustand der Ekstase. Sie fühlte eine intensive Sehnsucht nach der Göttlichen Mutter. Sie wollte das wunderschöne Gesicht mit dem liebevollen Lächeln ihrer Mutter wieder sehen. Die Liebe der Göttlichen Mutter war so unbeschreiblich und sie strahlte ein solch glorreiches Licht aus, dass es Sudhamani in Erstaunen versetzte. Von da an konnte Sudhamani an nichts anderes mehr denken als an ihre Mutter. Ihr Herz raste der göttlichen Mutter entgegen.

Sudhamanis *Krishna Bhava* wurde weiterhin im kleinen Tempel gehalten. Aber abgesehen davon verbrachte sie die gesamte Zeit damit sich auf die göttliche Mutter zu konzentrierte. Tag und Nacht war ihr Herz in flammender Sehnsucht entbrannt.

Bis zu diesem Augenblick hatte Sudhamani an den Tagen zwischen den *Krishna Bhavas* weiterhin mit der Hausarbeit geholfen. Aber jetzt war ihr *Mind* so auf die Göttliche Mutter gerichtet, dass sie ihre tägliche Arbeit nicht mehr erledigen konnte. Sie konnte kaum auf sich selbst aufpassen. Sie war nicht einmal in der Lage richtig zu essen. Über Monate hinweg ernährte sie sich von nichts anderem als von *Tulasi* Blättern[6] und Wasser.

So wie Sudhamani früher fühlte, dass Krishna überall war, so empfand sie nun, dass die Göttliche Mutter überall um sie herum

---

[6] Die Tulasi Pflanze wird als heilig angesehen. Sie ist verwandt mit dem Basilikum.

## Mutter süßer Glückseligkeit

war. Die ganze Erde war ihre Mutter und der Wind war ihrer Mutter Atem. Sie wanderte umher und sprach zu den Bäumen, den Blumen, den Vögeln und den Tieren. Sie legte sich auf den Boden und wälzte sich herum wie ein kleines Kind während sie rief: „Mutter! Mutter! Wo bist du? Aber, Mutter, du bist ja überall, also, wo bist du nicht?"

Eines Tages war Sudhamani im Tempel und hatte gerade ihre Meditation beendet. Plötzlich traf sie die Erkenntnis, dass die gesamte Natur ihre Mutter war und sie selbst ein kleines Kind – das Kind der göttlichen Mutter. Sie kroch wie ein kleines Kind aus dem Tempel zu einer Kokospalme. Unter der Palme sitzend, begann sie zu weinen: „Mutter! Mutter! Warum verbirgst du dich vor mir? Ich weiß, dass du dich in diesem Baum versteckst. Du bist in allen Blumen und in allen Pflanzen. Die ganze Welt bist du. Oh Mutter, ich weiß, dass du dich mit den Wellen des Ozeans verhüllst und im Wind versteckst! Mutter, ich kann dich einfach nicht finden!"

Plötzlich fühlte sie, dass ihre geliebte Mutter bei ihr war. Sie rollte sich gegen ihre Mutter und umarmte sie ganz fest. Sudhamani merkte nicht, dass sie die Palme umarmte.

Manchmal lag Sudhamani auf dem Boden und betrachtete den Himmel. Dunkle Gewitterwolken erinnerten sie nun nicht mehr an Krishna. Wenn sie jetzt zu den Wolken hoch blickte, sah sie das lange lockige Haar ihrer Mutter durch den Himmel wehen. Und bei schönem Wetter war die Sonne das wundervolle, strahlende Licht ihrer Mutter. Alles am Himmel erinnerte sie an ihre Göttliche Mutter. Manchmal des Nachts, wenn sie in den weiten mit Mondlicht erfüllten und glitzernden Sternen übersäten Himmel schaute, fühlte sie, dass der ganze Himmel ihre Mutter war. Wenn sie so auf dem Boden ruhte, schlief sie nie; sie betete und weinte nach ihrer Mutter. Tränen rollten ihr stets die Wangen hinunter. Sie wollte Eins werden mit ihrer Mutter.

## Kind der göttlichen Mutter

Sie sehnte sich danach mit ihr zu verschmelzen, genauso wie der Regentropfen, der in den Ozean fällt, eins wird mit dem Ozean. Sudhamani hatte ein *Mantra*[7], welches sie immer und immer wiederholte. Kein Guru hatte ihr das Mantra gegeben. Sie hatte es selbst erfunden. Ihr Mantra war: ‚Amma, Amma, Amma...'(Mutter, Mutter, Mutter). Sie machte nicht einen einzigen Schritt, ohne ihr Mantra zu wiederholen. Wenn sie es trotzdem bei einem Schritt vergaß, ging sie sofort den Schritt zurück und sagte: ‚Amma'. Nur dann erlaubte sie sich weiter zu gehen. Manchmal ging Sudhamani in den Backwaters schwimmen. Bevor sie in die Tiefe tauchte, nahm sie sich vor, wie oft sie ihr Mantra wiederholen müsse, bevor sie wieder Luft holen durfte. Wenn es passierte, dass auch nur ein einziger Moment verging, ohne dass sie an die Göttliche Mutter dachte, fühlte sie sich zutiefst besorgt und beichtete: „Mutter, ich habe so viel Zeit verschwendet!" Um die verlorene Zeit wieder gut zu machen, meditierte sie an diesem Tage länger als sonst. Wenn sie eine Meditation verpasste, verbrachte sie die ganze Nacht draußen auf und ab laufend, ihr *Mantra* rezitierend und betend: „Mutter, was ist der Sinn dieses Lebens, wenn ich nicht zu dir beten kann? Oh Mutter, gib mir die Kraft! Lass mich dich sehen! Lass mich mit dir vereint werden!"

Wenn jemand zu ihr kam und mit ihr zu reden begann, stellte sie sich vor, dass es die Göttliche Mutter sei, welche vor ihr stand. Die Person fuhr mit dem Reden fort, bis er oder sie bemerkte, dass Sudhamani unerklärlich in eine andere Welt gedriftet war.

Am Morgen, wenn sie sich jeweils die Zähne putzte, konnte sie ihre Aufgabe oft nicht beenden, weil ihr *Mind* plötzlich zur

---

[7] Ein Mantra ist entweder ein Name Gottes oder es sind einige heilige Worte, die immer wieder wiederholt werden, ganz gleich, was man auch tut. Wenn man das Mantra beständig wiederholt, erweckt dies die spirituelle Kraft in dir, du wirst spirituell erweckt und eins mit Gott.

## Mutter süßer Glückseligkeit

Göttlichen Mutter hinflog und sie komplett vergaß, was sie eigentlich gerade machen wollte. Es konnte dann Stunden dauern, bis sie sich ihrer Umwelt wieder bewusst wurde. Noch viel schwieriger war es für sie ein Bad zu nehmen. Wenn sie das Badezimmer betrat, bemerkte sie, dass sie ihr Badetuch vergessen hatte. Und dann, wenn sie das Badetuch geholt hatte, entdeckte sie, dass sie auch noch ihre Seife oder sonst etwas vergessen hatte. Dann dachte sie: „Mutter, ich verliere all diese Zeit, indem ich nur versuche ein Bad zu nehmen! Lass meinen *Mind* stattdessen immer auf dich gerichtet sein. Ich fühle mich so traurig, wenn ich dich auch nur für einen Moment vergesse." Dann beschloss sie, das Bad ganz wegzulassen. Stattdessen setzte sie sich auf den Boden des Badezimmers und schon bald befand sie sich in einem Zustand tiefer Versenkung. Stunden später fand sie dann jemand aus der Familie dort sitzend. Um sie aus ihrer Meditation herauszuholen, leerten sie einen Eimer voll kalten Wassers über ihren Kopf. Auf diese Weise erhielt sie ihr Bad trotzdem! Wenn das Wasser nichts nützte, schüttelten sie Sudhamani sehr stark. Manchmal mussten sie Sudhamani sogar aus dem Badezimmer tragen.

Am meisten liebte es Sudhamani mitten in der Nacht, während alles ruhig und friedlich war, zum Strand hinunter unter zu gehen, um neben dem Ozean zu meditieren. Die Wellen, welche gegen die Bucht klatschten, sangen ihr endloses Lied, ‚Om… Om…Om…' Der nachtblaue Himmel glänzte mit Millionen von funkelnden Sternen. Alles erinnerte Sudhamani an ihre Göttliche Mutter. Sie brauchte jeweils nur einen Moment, um in einer tiefen Meditation zu versinken, ihren *Mind* zufrieden im Schoss der wunderschönen Mutter des Universums ruhend.

Wenn ihr Vater in solchen Nächten nach ihr suchte, wurde er sehr besorgt, da er sie weder im Haus noch im Garten finden konnte. Schließlich ging er zum Strand hinunter, um dort nach

## Kind der göttlichen Mutter

ihr zu suchen. Er fand sie in tiefer Versenkung vor, still sitzend wie ein Fels.

Sudhamanis Familie war nicht in der Lage sie zu verstehen und dachte nach wie vor, dass sie einfach ein verrücktes Mädchen sei. Doch eigentlich war sie in einem Zustand von höchster Hingabe. Sie sehnte sich nach der göttlichen Mutter genauso wie eine Person unter Wasser sich nach Luft sehnt. Sie liebte die Göttliche Mutter mehr als ihr eigenes Leben.

Ihr Bruder Subhagan behandelte Sudhamani nach wie vor sehr schlecht. Eines Tages, als sie gerade ins Haus wollte, hielt er sie an und schrie: "Ich verbiete dir, das Haus zu betreten! Nur wenn du mit deinem beschämenden Tanz und Gesang aufhörst, lasse ich dich wieder hinein." Da Sudhamani glaubte, dass alles was ihr passierte der Wille der göttlichen Mutter war, dachte sie, dass auch dies wohl ihr Wille sein musste. So verließ sie das Haus wortlos und setzte sich in den Garten vor dem Haus. Aber Subhagan verbot ihr auch, sich dort aufzuhalten. Sudhamani nahm darauf eine Handvoll Sand und gab ihn ihrem Bruder indem sie sprach: „Wenn dieser Sand dir gehört, dann sage mir bitte wie viele Sandkörner es sind."

Von da an lebte sie draußen ganz alleine. Tag und Nacht sehnte sie sich nach der Göttlichen Mutter. Nichts anderes war ihr mehr wichtig. Wie ein kleines Kind mit Tränen, welche ihr die Wangen hinunter strömten, streckte sie ihre Arme gegen den Himmel hinauf, als ob sie nach ihrer Mutter greifen wollte. Sie weinte und sie flehte ihre Mutter an, sie möge doch zu ihr kommen: „Oh, Mutter", weinte sie, „wo bist du? Lässt du mich hier vor Sehnsucht sterben? Du bist meine einzige Hoffnung. Hast Du mich verlassen wie alle anderen auch? Kannst Du nicht sehen wie sehr ich leide?"

Wenn Kinder in der Nachbarschaft sie weinen sahen, kamen sie zu ihr und fragten sie: „Große Schwester, warum weinst Du?

Hast du irgendwo Schmerzen?". Sie drängten sich ganz nahe zu ihr und, weil sie Sudhamani sehr liebten, konnten sie es nicht ertragen sie so traurig zu sehen und begannen ebenfalls zu weinen. Schließlich fanden sie heraus, weshalb Sudhamani weinte: es war, weil sie die Göttliche Mutter sehen wollte. So zogen die kleinen Mädchen Saris an und taten so, als ob sie die Göttliche Mutter wären. Sudhamani umarmte sie, als sie die Kinder so angezogen sah. Sie sah tatsächlich nicht die Kinder in ihnen sondern die Göttliche Mutter.

Sudhamanis Sehnsucht nach der Göttlichen Mutter wurde so stark, dass sie an nichts anderes mehr denken konnte. Sie kümmerte sich nicht mehr um sich selbst und nahm auch nichts mehr um sich herum wahr. Sie kannten den Unterschied zwischen Tag und Nacht nicht mehr. Sie lag auf dem Boden in einem Zustand tiefer Meditation. Sie bemerkte nicht wie die Sonne heiß niederbrannte oder wenn es in Strömen regnete. Sie schlief nicht und sie dachte nie ans Essen.

Genauso wie Sudhamani manchmal im *Krishna Bhava* war, war sie nun im Zustand eines zwei Jahre alten Kleinkindes, das Kind der göttlichen Mutter. Sudhamani weinte wie ein kleines Kind nach seiner Mutter. Andere Male lachte sie und klatschte dabei in ihre Hände. Sie rollte sich auf dem Boden und versuchte, die Erde zu umarmen; sie ging zu den Backwaters und versuchte, die feinen Wellen des Wassers zu küssen. Während der ganzen Zeit rief sie: „Mutter! Mutter!"

Eines Tages kamen einige Devotees, um Sudhamani zu besuchen. Sie fanden sie in der Nähe der Backwaters auf dem Boden liegen, sich ihrer Umwelt nicht gewahr. Ihr *Mind* war völlig in der Göttlichen Mutter aufgegangen. Ihr Gesicht und ihr Haar waren voller Sand und es waren Spuren der immerzu fließenden Tränen auf ihren Wangen. Die Devotees waren untröstlich, als sie Sudhamani so daliegen sahen. Sie gingen und erzählten es ihrem Vater, aber Sugunanandan wollte nichts darüber hören. Es stimmte die Besucher sehr traurig zu denken, dass sich niemand in ihrer Familie um sie kümmerte. Sie trugen Sudhamani ins Haus und legten sie auf ein Bett ohne zu wissen, dass es Subhagans Bett war. Sie wuschen sie und versuchten vergebens, sie in einen Zustand von äußerer Wahrnehmung zu bringen. Sie ließen sie schließlich bequem ruhend zurück.

Als Subhagan ein wenig später nach Hause kam und seine Schwester auf seinem Bett liegen sah, bekam er in einem Wutanfall und schrie: „Wer hat diese erbärmliche Kreatur auf mein Bett gelegt!" Er schüttelte das Bett mit einer solchen Gewalt, dass es in Stücke zerbrach. Aber Sudhamani bemerkte gar nichts. Sie lag einfach da, friedvoll in mitten der Turbulenz. Später, als Sudhamani erfuhr, was geschehen war, reagierte sie überhaupt nicht und sagte: „Was auch immer passiert, ist Gottes Wille und geschieht immer nur zum Besten."

Ohne dass er etwas von dem zuvor Geschehenen wusste, kam am nächsten Tag ein Devotee, der Schreiner war, mit einem Bett, einem Tisch und ein paar Stühlen zu Sudhamani. Er sagte ihr, dass er einen Traum hatte, in dem Krishna ihm erschien sei und ihm sagte, dass er diese Möbel Sudhamani als Geschenk bringen solle.

# KAPITEL ACHT

# Treue Freunde

Wilde Vögel und Tiere fühlten sich sehr zu Sudhamani hingezogen. Sie konnten Sudhamanis Liebe zu allen Kreaturen Gottes fühlen, von der kleinsten Ameise bis zum Menschen. Sogar die scheuesten Tiere trauten ihr instinktiv und hatten überhaupt keine Angst.

Nun, da Sudhamani draußen lebte, waren es die Tiere, welche sich um sie kümmerten und sich mit ihr anfreundeten. Ihre Familie hatte sich mehr oder weniger von ihr abgewandt und war gegen ihr spirituelles Leben eingestellt, aber die Tiere taten ihr Bestes, um Sudhamanis Leben glücklich und so bequem wie nur möglich zu gestalten. Unabhängig von der Witterung blieben die Tiere immer in ihrer Nähe, um sie zu beschützen. Die Tiere schienen sie besser zu verstehen als irgendein Mensch es zuvor jemals tat.

Sudhamani liebte es, jeden Tag im Tempel zu meditieren. Wann immer sie aus dem Tempel trat, kam eine Kuh, welche der Familie gehörte, zu ihr, um sie mit ihrer Milch zu laben. Sudhamani dachte, dass dies sicherlich die Göttliche Mutter arrangiert habe. So trank sie die Milch direkt vom Euter der Kuh, wie ein junges Kalb. Dank der Kuh musste sie nicht mehr hungrig oder durstig sein. Die Kuh liebte Sudhamani dermaßen, dass sie sich weigerte zu fressen oder ihr eigenes Kalb zu säugen, bevor sie Sudhamani ihre tägliche Portion Milch gegeben hatte. Die Kuh ging jeden Tag zum Tempel und wartete dort geduldig auf Sudhamani. Sudhamanis Eltern versuchten einige Male vergebens, das Tier vom Tempel weg zu jagen, sie machte keinen Schritt. Sie zogen die Kuh sogar am Schwanz und leerten einen Eimer Wasser über sie, doch egal wie sehr sich alle bemühten, sie bewegte sich keinen Zentimeter. Manchmal wurde die Kuh lebhaft und rannte verspielt um die Palmen herum, hinter ihr her die wütende Familie. Aber sie konnten sie nicht fangen. Dann trottete sie zurück, um Sudhamani zu nähren. Sobald Sudhamani ihre Milch bekommen hatte, ließ sie sich willig wegführen.

Sudhamanis Onkel lebte nahe beim Haus ihrer Großmutter. Eines Tages bemerkte er, dass eine seiner Kühe entwischt war und zum Strand lief. Am Strand nahm die Kuh eine scharfe Rechtskurve und trabte in voller Geschwindigkeit an der Küste entlang, mit Sudhamanis Onkel hinterher. Die Kuh rannte so schnell, dass er sie nicht fangen konnte. Schließlich ließ sie das Festland hinter sich und wandte sich direkt nach Parayakadavu, wo sie zuvor nie gewesen war. Die Kuh lief ohne Umwege auf das Land der Idammanel-Familie zu, wo Sudhamani in Meditation versunken saß. Die Kuh ging stracks auf sie zu, liebkoste sie zärtlich mit ihrer weichen Nase und leckte Sudhamani ab. Aber Sudhamani war in tiefer Versenkung und bemerkte von alle dem nichts. Darauf legte sich die Kuh in die Nähe und schaute Sudhamani intensiv an, als ob sie darauf warten würde, dass sie aus der Meditation auftauche. Nach einer Weile öffnete Sudhamani die Augen und als sie die Kuh erblickte, ging sie gleich dem Tier entgegen. In diesem Moment hob die Kuh eines ihrer Beine an und lud Sudhamani zum Trinken ein. Sudhamani war sehr durstig und trank freudig von der Kuh. Ihr Onkel, welcher

## Treue Freunde

die ganze Szene beobachtet hatte, war sehr erstaunt. An diesem Tag verstand er, dass Sudhamani keine gewöhnliche Seele war. Die Kuh besuchte Sudhamani noch ein paar Mal und bot ihr ihre Milch an. Es passierte auch sehr oft, dass eine Schlange kam und sich um ihren Körper wand, während sie draußen in tiefer Meditation saß. Sogar Giftschlangen kamen zu ihr, aber sie waren freundlich und taten ihr nie etwas zu Leide. Sie wollten einfach in ihrer Nähe sein.

Wilde Vögel waren völlig zahm in Sudhamanis Gegenwart. Sie liebte vor allem die wilden Papageien, denn es wird gesagt, dass diese in einer besonderen Beziehung zur göttlichen Mutter stehen. Manchmal wenn sie betete: „Oh Mutter, willst Du nicht zu mir kommen?" kam ein Schwarm von Papageien geflogen und sammelte sich am Boden neben ihr. Eines Tages bekam Sudhamani von einem Devotee als Geschenk einen Papagei in einem Käfig. Doch Sudhamani konnte den Gedanken nicht ertragen, ein Lebewesen in einem Käfig zu halten, so dass sie dem Papagei die Freiheit schenkte. Doch der Vogel wollte nicht weg fliegen. Er zog es vor, bei Sudhamani zu bleiben. Eines Tages, als Sudhamani zur göttlichen Mutter betete, musste sie weinen. Plötzlich sah sie auf und bemerkte, wie der Papagei vor ihr saß. Auch der Papagei weinte. Der Vogel konnte Sudhamanis Traurigkeit spüren, was wiederum auch ihn traurig stimmte.

Außer dem Papagei gab es zwei Tauben, welche gerne in Sudhamani Nähe waren. Wann immer Sudhamani für die Göttliche Mutter sang, kamen die beiden Tauben und der Papagei geflogen und setzten sich vor sie hin. Während Sudhamani ihr Lied sang, flatterten sie mit ihren Flügeln und hopsten umher, dass es aussah als ob auch sie tanzen würden.

Hoch oben auf einer Palme neben dem Haus hatte ein Adler seinen Horst mit zwei Jungvögeln darin. Eines Tages wurde das Nest zerstört und lag zerschmettert unter dem Baum. Die jungen

Adler lagen hilflos am Boden. Einige Kinder begannen mit Steinen auf die Küken zu werfen und versuchten, sie zu töten. In diesem Augenblick kam Sudhamani an den Platz des Geschehens und rettete die jungen Vögel. Sie baute ihnen einen Unterschlupf und pflegte sie vorsichtig. Einige Wochen später waren die Adler stark genug, um fliegen zu können und Sudhamani ließ sie frei. Noch lange Zeit ließen sich die beiden Adler zu Beginn eines jeden *Krishna Bhavas* auf dem Dach des Tempels nieder.

In den Mythen heißt es, dass Krishna den Adler (Garuda) als Transportmittel benützte. So hatte Sudhamani nun zwei Garudas auf dem Tempeldach. Die Devotees liebten die Garudas und suchten vor jedem *Krishna Bhava* eifrig nach ihnen.

Oftmals weinte Sudhamani so sehr nach der Göttlichen Mutter, dass sie das Bewusstsein verlor. Wann immer das passierte, kamen die beiden Adler geflogen und landeten direkt neben ihr. Sie schauten nach ihr, als wollten sie Sudhamani beschützen. Eines Tages kam eine Frau aus der Nachbarschaft vorbei und sah, wie die beiden Garudas Sudhamanis Gesicht betrachteten, während sie bewusstlos dalag. Die Frau war erstaunt, die beiden Adler wie Menschen weinen zu sehen. Auch die beiden Adler liebten Sudhamani so sehr, so dass sie es nicht ertragen konnten, sie leiden zu sehen.

An einem anderen Tag, als Sudhamani die Meditation beendete, war sie sehr hungrig. Einer der Adler flog sofort hinaus über den Ozean und kam einige Minuten später mit einem Fisch in seinen Fängen zurück. Vorsichtig ließ er den Fisch in Sudhamani Schoss fallen. Sudhamani war derart hungrig, dass sie den Fisch aufhob und ihn roh verspeiste. Von da an brachte ihr der Adler jeden Tag einen Fisch. Schon bald fand Damayanti dies heraus. Ihr gefiel es nicht, dass ihre Tochter rohen Fisch aß, so dass, wann immer der Adler mit seiner täglichen Gabe ankam, sie sich den Fisch schnappte und ihn für ihre Tochter briet. Früher, als

## Treue Freunde

Sudhamani Krishna verehrte, hatte sie niemals Fisch gegessen. Doch sie war überzeugt, dass die Göttliche Mutter den Adler hinaus gesandt hatte, um ihr die Fische zu fangen. Soweit es Sudhamani betraf war der Fisch eine heilige Speise, welche ihr direkt von der Göttin dargebracht wurde, und so aß sie ihn. Noch sehr lange fing der Adler für Sudhamani Fisch.

Auch eine Katze kam, um bei ihr zu bleiben. Sie betrat gewöhnlich den Tempel während des *Krishna Bhavas* und lief in einem perfekten Kreis um Sudhamani herum, genauso wie es die Menschen in Hindu Tempeln um die Abbilder der Götter und Göttinnen zu tun pflegen. Darauf setzte sich die Katze neben Sudhamani und ließ sich von den Blicken der Menschen im Tempel nicht stören. Dort saß sie dann lange Zeit mit geschlossen Augen, so dass alle glaubten die Katze meditiere. Eines Tages versuchte jemand die Katze los zu werden, brachte sie auf die andere Seite der Backwaters und ließ sie dort zurück. Doch schon am nächsten Tag kam die Katze wieder; wahrscheinlich war sie zurück geschwommen. Und so saß die Katze weiterhin neben Sudhamani.

Ein großer, schwarzweiß gefleckter Hund war ein weiterer treuer Freund Sudhamanis. Der Hund hing sehr an ihr. Wann immer Sudhamani voller Intensität nach der Göttlichen Mutter weinte und anschließend alle äußere Bewusstheit verlor, begann der Hund zutiefst unglücklich zu heulen. Er rieb sich an Sudhamani, leckte ihr das Gesicht ab und versuchte, sie wieder aufzuwecken. Immer wenn Sudhamani irgendwo hingehen und die Backwaters überqueren musste, wurde der Hund ganz verstört. Er protestierte mit lautem Bellen und versuchte, sie am Gehen zu hindern, indem er sie am Kleid packte.

Hin und wieder kam der Hund mit einem Essenspäckchen in seiner Schnauze zu ihr und legte es ihr zu Füßen. Niemand wusste, woher das Päckchen kam, und der Hund nahm nicht ein einziges Körnchen Reis von dem Essen. Des Nachts schlief er dicht neben ihr. Wenn Sudhamani sich auf die Erde legte, um den Himmel zu betrachten, benützte sie den Rücken des Hundes als Kissen. Wann immer ein Devotee sich aus Respekt vor Sudhamani verneigte, streckte der schwarzweiße Hund ebenfalls seine Vorderbeine aus und senkte seinen Kopf, als ob auch er sich vor ihr verneige. Und wann immer Sudhamani in einem Zustand der Ekstase tanzte, sprang der Hund freudig um sie herum, als ob er mit tanzen würde. Immer wenn die heilige Muschel im Tempel geblasen wurde, heulte der Hund und es klang fast wie die echte Muschel.

Eines Nachts meditierte Sudhamani an den Ufern der Backwaters als ihr Vater gerade vorbeiging. Sudhamani saß völlig bewegungslos. Sie war in einer solch tiefen Versunkenheit, dass sie nicht einmal bemerkte, wie ihr Körper von einem Schwarm Mücken bedeckt war. Ihr Vater rief nach ihr und versuchte, sie aus der Meditation zu holen; doch ihr *Mind* war zu weit weg und sie konnte ihn nicht hören. Dann begann er sie heftig zu schütteln, wie es die Familie gewöhnlich tat. Aber egal wie heftig er sie schüttelte, er konnte sie einfach nicht zurückholen. Während er sie so schüttelte, bemerkte er, dass sie wohl nicht mehr wiegen konnte als ein Zweig. Er setzte sich neben sie. Einen Moment später kam der schwarzweiße Hund und bellte sie an, als ob er versuchte, ihre Aufmerksamkeit auf sich zu lenken. Ein paar Minuten später öffnete Sudhamani ihre Augen und war wieder bei normalem Bewusstsein. Es war, als ob die Tiere ihre Aufmerksamkeit erregen konnten, unabhängig davon in welcher Welt sie war.

Der Hund liebte Sudhamani so sehr, dass sie dachte, der Hund selbst sei die Göttliche Mutter selbst. Wenn dies passierte, fühlte sich Sudhamani wie ein kleines Kind. Sie umarmte und küsste den Hund und rief: „Mutter! Mutter!"

## Treue Freunde

Eines Tages, während Sudhamani gerade meditierte, fühlte sie sich plötzlich furchtbar rastlos. Sie stand auf und lief eilig ins Dorf. Da sah sie wie ein Hundefänger ihren Hund einfing, um ihn wegzubringen und zu töten. Der Hund heulte laut, war aber nicht in der Lage sich von den Ketten zu befreien. Während der Mann ihn wegbrachte, schleifte er mit seinen Pfoten den Boden entlang. Einige der Mädchen, welche Sudhamani sehr liebten, erkannten den Hund und eilten herbei. Sie erklärten dem Mann, dass der Hund ihrer Freundin gehöre und sie flehten ihn an, ihn loszulassen; doch der Mann nahm keine Notiz davon. Sie boten ihm sogar Geld an. In diesem Augenblick traf Sudhamani ein. Der Hund sah Sudhamani erbärmlich an und begann wie ein Mensch zu weinen! Das war dem Hundefänger zu viel. Er konnte ganz klar erkennen, wie sehr der Hund sie liebte und er konnte nicht anders, als ihn frei zu lassen. Der Hund wurde noch einige Male von verschiedenen Hundefängern gefangen, doch irgendwie schaffte es Sudhamani immer, ihn im letzten Moment zu befreien.

Eines Tages hatte Sudhamani die Vorahnung, dass ihr Freund, der große, schwarzweiß gefleckte Hund, krank würde und sterben müsse. Einige Tage geschah es dann. Der Hund bekam die Tollwut. Doch er musste kaum leiden. Als Sudhamani gefragt wurde, ob sie traurig sei, dass ihr Hund gestorben sei, sagte sie: „Ich bin überhaupt nicht traurig, denn obwohl der Hund gestorben ist, wird er doch schon bald zu mir zurückkehren." Einige Zeit später sagte sie, dass die Seele des Hundes in der Nähe wiedergeboren worden sei. Mehr sagte sie jedoch nicht dazu.

Eine Person, die Gott liebt, liebt alle Kreaturen Gottes – jede einzelne ausnahmslos – weil er oder sie Gott ganz klar in allen sehen kann. Wenn dein Herz voll göttlicher Liebe und voller Mitgefühl ist, so fühlen sich Tiere wie von einem Magneten zu dir hingezogen. Wilde Löwen und Tiger werden lammfromm in deiner Gegenwart und Giftschlangen würden nicht einmal davon träumen, dir weh zu tun. Alle Kreaturen Gottes werden zu deinen Freunden. Das ist es, was Sudhamani geschah. Sudhamani konnte sogar die Sprache der Tiere verstehen. Wenn sie zu ihr sprachen, konnte sie alles, was sie sagten, verstehen.

# KAPITEL NEUN

# Mutter süßer Glückseligkeit

Sudhamani konnte die Gegenwart der Göttlichen Mutter überall um sich herum spüren und konnte ihre geliebte Mutter sehen, wo auch immer sie hin blickte. Sie umarmte die Bäume und streichelt die Blumen, weil sie fühlte, dass diese ihre Mutter waren. Sie sprach zu ihnen und küsste sie. Wenn der Wind jeweils durch ihr Haar und über ihre Haut blies, fühlte sie, dass es ihre Mutter war, die sie liebkoste. Die Erde war der Schoss ihrer Mutter. Sie rollte sich auf dem Boden im Versuch, die Erde zu umarmen. Oft starrte sie mit einem weit entfernten Blick in den Himmel. Niemand wusste, was sie sah. Sie wurde dabei mit einer solchen Glückseligkeit erfüllt, dass sie zur selben Zeit lachte und weinte, ohne aufhören zu können.

Weil Sudhamanis Gedanken immer bei der Göttlichen Mutter waren, schlief sie nie und aß kaum. Sie konnte sich nicht mehr um ihren eigenen Körper kümmern, weil ihr *Mind* immer in einer anderen Welt war. Manchmal, wenn sie doch etwas aß, waren das bereits aufgebrühte Teeblätter oder Kuhmist oder

andere seltsame Dinge, da für sie alles gleich war. Sie hatte keine Ahnung, was sie eigentlich aß. Eine gewöhnliche Person könnte solche Sachen nicht essen, ohne krank zu werden, doch aufgrund Sudhamanis göttlichem Zustand machte es ihr nichts aus.

Sudhamanis Hingabe zur Göttlichen Mutter erreichte ihren Höhepunkt. Ihr Verlangen, die Göttliche Mutter zu sehen, war so stark, dass sie oft Stunden um Stunden weinte, bis sie zu dem Punkt kam, an dem sie es einfach nicht mehr aushalten konnte und jegliches äußere Bewusstsein verlor.

Eines Tages, fühlte sie sich so traurig, dass sie rief: „Oh Mutter, ich kann den Schmerz, von dir getrennt sein, nicht mehr aushalten! Warum kommst Du nicht zu mir? Ich kann ohne dich nicht leben!"

Viele Jahre später, als sie auf diesen Augenblick zurück sah, sagte sie: „Jede einzelne Pore meines Körpers war vor Hingabe weit geöffnet; jedes Atom meines Körpers vibrierte mit dem heiligen Mantra – mein ganzes Wesen rannte der Göttliche Mutter wie ein eilender Fluss entgegen."

Sie fühlte, dass ihr Herz im Begriffe war vor Hingabe zu brechen, und sie rief: „Oh Mutter! Dein Kind sehnt sich so sehr nach dir! Warum kommst du nicht? Ich bin wie ein Fisch, der auf das trockene Land geworfen wird. Bin ich dir denn gleichgültig? Ich habe dir alles was ich besitze gegeben. Nun habe ich nichts, was ich dir geben könnte, als meinen letzten Atemzug."

Ihre Stimme erstarb, sie brach zusammen und fiel zu Boden. Wenn sie die Göttliche Mutter nicht haben konnte, dann gab es nichts, was Wert war weiter zu leben. Sie hatte der Mutter alles, was sie hatte und alles, was sie war – ihr ganzes Wesen, dargebracht. Und nun gab sie der Göttlichen Mutter ihren letzten Atem. Sie war im Begriff zu sterben.

Doch dann passierte plötzlich etwas Wundervolles!

## Mutter süßer Glückseligkeit

Die Mutter des Universums weiß um alles, was ihren Kindern geschieht, und sie hatte nicht die Absicht, Sudhamani sterben zu lassen. Und so erschien ihr in diesem Moment die Göttliche Mutter. Die Göttliche Mutter leuchtete wie eine Million Sonnen. Sudhamanis Freude kannte keine Grenzen. Ihr Herz war überwältigt von einer Welle unbeschreiblicher Liebe und Glückseligkeit und sie wurde auf die Höhen des Gottesbewusstseins gehoben. Danach komponierte sie ein Lied im Versuch zu beschreiben, was ihr geschehen war. Das Lied heißt: ‚*Der Pfad der Glückseligkeit*'

*Einst tanzte meine Seele verzückt,*
*Entlang dem Pfad der Glückseligkeit.*
*Ich befand mich in einem goldenen Traum.*
*Mein Mind war erfüllt*
*Mit allem was gut und edel ist.*

*Mit sanften strahlenden Händen*
*Liebkoste mich die Göttliche Mutter.*
*Ich senkte den Kopf und sagte der Mutter*
*Dass mein Leben ihr alleine gehöre.*

*Liebevoll lächelte mich die Göttliche Mutter an,*
*Wurde zu einem göttlichen Licht*
*Und verschmolz mit mir.*
*Mein Mind erblühte*
*Leuchtend in allen Farben des Regenbogens.*

*Ich konnte die ganze Welt sehen*
*Und alles was je geschehen ist.*
*Ich sah, dass ich ein Teil des Ganzen war*
*Und das Ganze ein Teil von mir.*
*Ich wandte mich ab von allen bedeutungslosen Vergnügen*
*und verschmolz mit der Göttliche Mutter.*

*Mutter trug mir auf, alle zu bitten,
Dass sie niemals den Grund für dieses Lebens nicht
vergessen sollen.
Und so verkünde ich der ganzen Welt –
Besonders denen, verloren in der Dunkelheit–
Die Wahrheit, die Mutter gesprochen hat:
‚Meine Kinder, kommt und werdet Eins mit mir.'*

*Noch heute zittere ich vor Glückseligkeit,
Wenn ich mich an Mutters Worte erinnere:
‚Oh mein geliebtes Kind, lass von allem anderen ab
und komm zu mir!
Du gehörst für immer mir.'*

*Oh, reines Bewusstsein,
Verkörperung der Wahrheit,
Ich werde genau das tun, was Du mir sagst.
Oh Mutter, ich weiß nichts.
Sollte ich Fehler begangen haben
Bitte vergib mir.*

Endlich war Sudhamani Eins mit der Göttlichen Mutter geworden. Nicht nur, dass der Wassertropfen mit dem Ozean verschmolz – der Wassertropfen selbst wurde zum Ozean. Es bestand nun kein Unterschied mehr zwischen Sudhamani und der Göttlichen Mutter. Sudhamani war die Göttliche Mutter.

Daher nennen wir sie von jetzt an Amma (Mutter). Sie war sich bewusst, überall im ganzen Universum zu sein. Später, als sie diesen Zustand als Antwort auf fragende Devotee beschreiben wollte, sagte sie: „Ich erfuhr, wie die Göttliche Mutter in all ihren göttlichen Formen in mir existierte und realisierte, dass ich nicht anders oder getrennt von ihr war. Von da an sah ich, dass das ganze Universum wie eine kleine Seifenblase in mir existierte."

Nun verbracht Amma ihre Tage und Nächte alleine draußen, die süße Glückseligkeit der Erleuchtung genießend.

Eines Tages hörte sie eine Stimme, die sagte: „Mein Kind, ich bin in allem enthalten und ich weile an keinem speziellen Ort. Du wurdest nicht geboren, um einfach den süßen Zustand der Glückseligkeit zu genießen. Du bist auf die Welt gekommen, um denen zu helfen, die leiden. Von nun an verehre mich in allen und erleichtere ihnen ihr Leiden."

Von da an erschien Amma außer in *Krishna Bhava* auch in *Devi Bhava*, der Verkörperung der Göttlichen Mutter. Während dem *Devi Bava* trug sie einen bunten Sari und eine wundervolle Krone. Bei dieser Gelegenheit erlaubte sie den Leuten, mehr von ihrer Einheit mit Devi, der Göttlichen Mutter zu erkennen.

Ihr Herz floss von Liebe und Mitgefühl über. Genauso wie eine Mutter ihre Kinder liebt, liebte Amma alle. Aber ihre Liebe war unermesslich tiefer und stärker als die Liebe einer leiblichen Mutter. Als die Leute zu ihr kamen, knieten sie sich vor ihr nieder und sie nahm jeden einzelnen und jede einzelne in ihre Arme. Tausende Menschen begannen zu ihr zu kommen. Sie segnete sie, tröstete sie und nahm ihnen ihr Leiden.

# KAPITEL ZEHN

# Unruhestifter

Ammas Familie konnte sie aber nach wie vor nicht verstehen. Sie fanden es schrecklich, dass so viele Menschen kamen und sie verehrten. Sie dachten sogar, dass sie der Familie einen schlechten Ruf beschere, da sie sich mit so vielen verschiedenartigen Menschen abgab! Genau aus diesem Grunde versuchte ihr älterer Bruder Subhagan und ein paar ihrer Cousins sie zu töten. Eines Tages kamen sie und sagten ihr, dass ein Verwandter sie sehen möchte. So ging sie mit zum Haus dieses Verwandten. Doch da war niemand zu Hause. Sie hatten sie belogen. Subhagan und seine Cousins stießen sie ins Haus. Einer ihrer Cousins nahm ein großes Messer heraus, welches er unter seinen Kleidern versteckt hielt. Subhagan sagt zu Amma: „Du bist mit deinem Benehmen zu weit gegangen! Du bescherst der Familie einen schlechten Ruf. Weil du mit dem Singen und Tanzen nicht aufhören willst und dich weiterhin mit all den Menschen abgibst, ist es besser, wenn Du stirbst!"

Amma lachte und sagte: „Ich habe keine Angst vor dem Tod. Früher oder später muss der Körper enden. Doch es ist dir oder sonst jemandem unmöglich mein wahres Selbst zu töten. Wenn du diesem Körper ein Ende bereiten willst, werde ich dir

meinen letzten Wunsch sagen, und es wird deine Aufgabe sein, diesen Wunsch zu erfüllen. Ich will, dass du mich für eine Weile meditieren lässt, und dann, wenn ich in Meditation vertieft bin, steht es dir frei diesen Körper zu töten."

Amma war völlig gelassen. Sie setzte sich hin, schloss ihre Augen, sank in einen Zustand tiefer Meditation. Ihr Gesicht strahlte vor Seligkeit. Die Männer waren so sehr von ihren Worten und ihrem friedvollen und strahlenden Gesicht beeindruckt, dass sie nicht sprechen konnten.

Plötzlich rannte der Cousin, welcher das Messer hielt, vorwärts und presste es gegen Ammas Brust. Doch bevor er sie verletzen konnte, erstarrte er und wurde von einem schrecklichen Schmerz in seiner eigenen Brust getroffen, genau an der Stelle, an der er das Messer gegen Amma gedrückt hielt. Sein Schmerz war so groß, so dass er zusammenbrach und zu Boden fiel. Als die anderen dies sahen, erschraken sie sehr.

In diesem Moment erreichte Damayanti das Haus. Sie spürte, dass etwas nicht stimmen konnte, als sie sah, wie ihre Tochter mit Subhagan und seinen Cousins das Haus verließ, und war ihnen gefolgt. Sie ahnte, dass etwas ganz Schlimmes in Gang war. Sie schrie lauthals und hämmerte an die Tür, bis sie schließlich geöffnet wurde. Damayanti packte die Hand von Amma und führte sie schnellstens hinaus.

Der Cousin, der das Messer gegen Amma erhoben hatte, wurde sehr krank und musste ins Krankenhaus gebracht werden. Dort besuchte Amma ihn. Sie hasste ihn nicht, sondern war voller Mitgefühl. Sie tröstete ihn liebevoll und fütterte ihn mit ihren eigenen Händen. Als er Ammas Liebe und Vergebung erfuhr, bereute er seine Tat zutiefst und brach in Tränen aus. Ein paar Tage später starb er.

Bald darauf erkrankte Subhagan an Elefantiasis, einer schweren Tropenkrankheit. Doch auch während seiner Krankheit war er voller Hass und drohte den Devotees Ammas. Bald darauf wurde er wegen seinem Leiden sehr depressiv und beging Selbstmord.

Sugunanandan und Damayanti waren zutiefst betrübt. Doch Amma sagte zu ihnen: „Seid nicht traurig, denn Subhagan wird bald in diese Familie wiedergeboren werden." Einige Jahre später, heiratete Kasturi, Ammas ältere Schwester, und hatte einen Sohn namens Shivan. Amma sagte zu ihrer Familie, dass Subhagan in Form von Shivan wiedergeboren sei. Amma überschüttete den kleinen Jungen mit Liebe. Er verehrte sie gleich zu Beginn und stand ihr sehr nah. So einzigartig war Ammas Mitgefühl, dass sie die Seele des Bruders rettete, obwohl er immer so gemein zu ihr gewesen war und versucht hatte ihr zu schaden.

Einige Menschen im Dorf waren Atheisten und glaubten nicht an Amma. Sie waren so sehr gegen sie eingestellt, dass auch sie ihr Leid zufügen wollten. Eines Tages gingen sie an einen Ort, an dem Amma sich oft zur Meditation setzte und streuten scharfe Nägel überall auf den Boden. Doch seltsamerweise, obwohl sich Amma dorthin setzte, spürte sie nicht einmal das kleinste Stechen. Die Atheisten wurden daraufhin so wütend, dass einige von ihnen während des *Krishna Bhavas* zu ihr gingen, so taten, als seinen sie ihre Devotees, und ihr ein Glas vergifteter Milch anboten. Obwohl Amma wusste, dass die Milch vergiftet war, nahm sie das Glas und trank die Milch. Die Männer warteten nun darauf, dass sie zusammenbrechen und sterben würde. Doch das Gift konnte ihr nichts anhaben. Einige Augenblicke später drehte sich Amma zu den Atheisten um und erbrach die vergiftete Milch direkt vor ihnen und fuhr anschließend mit dem *Krishna Bhava* fort, als sei nichts geschehen. Die Atheisten flüchteten so schnell sie konnten.

Die feindseligen Dorfbewohner traten nun einer großen Gruppe Atheisten bei, welche sich ‚Rationalisten Klub' nannte. Ihr Ziel war es, der heiligen Mutter zu schaden. Sie wollten die

Leute überzeugen, dass sie eine Schwindlerin sei und überhaupt nicht heilig war. Sie verbreiteten falsche Gerüchte und schrieben auch in den Zeitungen Unwahrheiten über sie.

Damals trat Amma jeweils nach dem *Devi Bhava* in der göttlichen Stimmung der Mutter Kali aus dem Tempel. Sie hielt das Schwert und den Dreizack der göttlichen Mutter in ihren Händen und tanzte in göttlicher Verzückung. Eines Abends brachten die Rationalisten einen Korb mit scharfen, vergifteten Dornen. Sie gaben ihn einigen Kindern mit der Anweisung die Dornen am Boden zu verstreuen, dort wo Amma zu tanzen pflegte. Sie sagten den Kindern, sie sollen vorsichtig sein und die Dornen nicht berühren. In dieser Nacht, als Amma aus dem Tempel kam, wusste sie bereits, was geschehen war, ohne dass ihr jemand davon erzählen musste. Sie unterrichtete die Devotees über die Dornen und wies sie an, sich nicht von der Stelle zu rühren. Darauf begann Amma mit dem Schwert und dem Dreizack in ihren Händen ihren göttlichen Tanz. Es war ein Tanz wie kein anderer, den sie zuvor gesehen hatten. Alle hatten das Gefühl als tanzte die Göttin Kali, die Zerstörerin allen Übels, höchstpersönlich vor ihnen. Amma tanzte barfuß auf der Veranda vor dem Tempel. Plötzlich durchschnitt ihr Schwert eine Schnur, womit einige Bilder an der Wand befestigt waren. Die Bilder fielen mit einem lauten Schmettern und Klirren zu Boden und es lagen Scherben verstreut auf der Veranda umher. Doch Amma beachtete dies nicht und setzte ihren Tanz unbeirrt fort. Sie tanzte auf den Scherben, als seien diese zarten Blüten. Dann trat Amma von der Veranda des Tempels hinunter und ging direkt zu dem Ort, an dem die Dornen zuvor verstreut worden waren, und sie tanzte auf den giftigen Dornen.

Die Rationalisten, die gekommen waren, um die Wirkung zu sehen, waren wie vom Blitz erschlagen, als sie Amma auf den Dornen tanzen sahen. Sie standen dort in der Erwartung, dass ihre Füße bluten und von Dornen bedeckt sein würden. Sie waren sicher, dass sie wegen dem Gift jeden Moment zusammenbrechen müsse. Doch nichts dergleichen geschah. Später, als das *Devi Bhava* vorüber war, kam Ammas Vater mit Medizin für ihre Füße. Doch er entdeckte, dass sie nicht den geringsten Kratzer an ihren Füßen hatte.

Eines Tages sandten die Rationalisten während des *Devi Bhavas* einen üblen Magier zu Amma. Der Magier war berühmt für seine bösen Machenschaften. Er hatte in der Vergangenheit schon manchen Leuten Leid zugefügt und nun wollte er seine tödliche Kunst bei Amma anwenden. Er gab Amma ein wenig Asche und behauptete, es sei heilige Asche. Die Asche war derart kraftvoll, dass sie spielend jemanden hätte umbringen können. In dem Moment aber, als der Magier Amma die Asche anbot, erkannte sie sofort was es war, sagte aber nichts. Sie akzeptierte die Gabe und bestrich ihren Körper damit. Sie dachte: „Wenn es Gottes Wille ist, dass dieser Körper hiervon sterben soll, dann soll es geschehen. Niemand kann sich dem Willen Gottes entziehen." Der Magier war überzeugt, dass Amma durch seine üble Hexerei sterben würde, wie es bereits zuvor geschehen war. Doch zu seiner Verblüffung passierte überhaupt nichts. Nicht allzu lange Zeit danach wurde der Schwarzmagier irrsinnig und verbrachte den Rest seiner Tage als Bettler in den Straßen.

Doch die Rationalisten weigerten sich aufzugeben. Sie stellten sogar einen Mörder an, der während des *Devi Bhavas* mit einem Messer unter seinem Hemd in den kleinen Tempel ging. Sobald Amma ihn sah, schenkte sie ihm ein liebevolles Lächeln. Ihr Lächeln hatte einen seltsamen Effekt auf ihn. Er fiel ihr zu Füßen und erflehte ihre Vergebung für die Tat, die er im Begriffe war zu begehen. Er verließ den Tempel als ein völlig gewandelter Mensch. Als die Rationalisten seine Veränderung bemerkten, beschimpften sie ihn. Doch er lächelte sie nur an. Von da an war er ein Devotee Ammas.

Nun gingen die Rationalisten zur Polizei und beschuldigten sie für Verbrechen, die sie nie begangen hatte. Darauf reagierten die Polizisten und kamen, um sie zu verhören. Amma lachte, als sie die Polizisten sah und sagte: „Bitte verhaftet mich, wenn ihr mich gerne in euer Gefängnis einsperren möchtet. Wenigsten kann ich dort alleine sein und die ganze Zeit meditieren und an Gott denken. Wenn es Gottes Wille ist, so soll es geschehen." Sie begann freudig zu lachen, während sie ihnen ihre Arme entgegenstreckte. Die Polizisten waren sprachlos. Als sie die strahlende Liebe und Freude auf ihrem Gesicht sahen, verstanden die meisten von ihnen, dass sie vor einer großen Seele standen und waren mit Ehrfurcht erfüllt. Sie verneigten sich vor ihren Füßen und fühlten sich gesegnet. Die Polizisten gingen daraufhin schon bald und hatten nie wieder Zweifel bezüglich Amma. Und wieder einmal hatten die Versuche der Rationalisten Amma Leid zuzufügen, fehlgeschlagen.

Amma, die alles weiß und die Fähigkeit hat in die Zukunft zu sehen, sagte, dass es mit dem Klub der Rationalisten bald zu einem Ende kommen würde. Genau das passierte denn auch. Sie begannen untereinander zu streiten. Es gab einige, welche ihre Meinung änderten. Sie begannen an Amma zu glauben und erkannten, dass sie einen schrecklichen Fehler gemacht hatten. Diese Menschen wurden ihre Bewunderer und zwei der Anführer heirateten sogar Ammas Schwestern. So ging es mit dem Rationalisten Klub zu Ende.

Als Ammas Vater ihr im Kuhstall den Tempel einrichtete, hätte er sich nie träumen lassen, dass einmal Tausende von Menschen kommen würden, um sie zu sehen. Immer mehr Leute strömten während des *Krishna* und *Devi Bhavas* in den kleinen Tempel, und Sugunanandan war ziemlich verärgert darüber. Er konnte den Gedanken nicht ertragen, dass sie sich mit so vielen verschieden Menschen abgab. Wie auch die anderen Familienmitglieder dachte er, dass sie der Familie einen schlechten Ruf beschere. Soweit es Sugunanandan betraf war sie einfach nur seine Tochter. Er machte sich außerdem Sorgen, da der Körper von Amma nach jedem *Devi Bhava* so steif wurde wie eine Statue. Jemand musste sie Stunden um Stunden massieren, um sie wieder in einen normalen Zustand zu bringen.

Eines Abends, als er sich besonders besorgt fühlte, ging er während des *Devi Bhavas* zu Amma. Jahre zuvor sagte sie ihm, dass Gott alleine ihr wirklicher Vater und wirkliche Mutter sei und als sie ihn nun ansprach, nannte sie ihn ‚Pflegevater'. Sugunanandan, der aufgrund seiner Sorgen bereits schon schlechter Laune war, explodierte fast vor Wut, als sie ihn so rief. Er schrie sie an: „Haben Götter und Göttinnen denn Pflegeeltern? Göttin, ich will meine Tochter zurück!" Amma antwortete: „Wenn ich dir deine Tochter zurückgebe, so wirst du nichts anderes als einen toten Körper erhalten, und du wirst ihn begraben müssen!" Amma meinte damit, dass Sugunanandan einzig der Vater des Körpers war – er war nicht der Vater ihrer Seele. Sie selbst – das ewige Selbst – gehörte niemandem. Daher, wenn er seine Tochter zurück haben wollte, so konnte er nur ihren Körper haben– sonst nichts. Doch Sugunanandan war nicht in der Stimmung zuzuhören. Er befahl: „Lass die Göttliche Mutter gehen und dorthin zurückkehren wo sie hingehört. Ich will mein Kind zurück!" Amma antwortete: „Wenn es das ist, was du willst, hier ist deine Tochter. Nimm sie!" Amma brach zusammen und fiel zu Boden. Ihre Augen waren noch offen, doch sie bewegte sich nicht. Ihr Herz hatte zu schlagen aufgehört und ihr Körper versteifte sich. Zufälligerweise befand sich ein Arzt unter den Devotees. Er nahm Ammas Puls, doch es gab kein Zeichen von Leben. Er schloss vorsichtig ihre Augen und erklärte sie für tot.

## Unruhestifter

Die Menschen waren verzweifelt. Viele von ihnen weinten. Andere wurden aufgrund ihres Schocks hysterisch. Am Anfang stand Sugunanandan nur da, völlig benommen. Er wusste nicht, was er tun solle. Dann erkannte er, dass seine Tochter seinetwegen gestorben war. Er war so von Trauer überwältigt, dass auch er zusammenbrach.

Um Ammas Körper wurden Öllampen angezündet. Alle hatte die Hoffnung aufgegeben. Die Leute waren so betrübt, dass sie nicht sprechen konnten. Alles um den Tempel herum war völlig still. Sogar Mutter Natur war still. Man konnte nicht eine einzige Welle gegen das Ufer schlagen hören, keine einzige Grille zirpte und der Wind hörte auf, durch die Bäume zu wehen.

Acht Stunden waren vergangen, doch niemand bewegte sich. Alle saßen still um Ammas Körper herum. Dann stand Sugunanandan auf und weinte laut. Mit Tränen, die seine Wangen herunter strömten, rief er aus: „Göttliche Mutter! Ich flehe dich an, vergib mir! Ich wusste nicht, was ich da sagte. Bitte bringe meine Tochter wieder ins Leben zurück! Verzeih mir! Nie wieder werde ich solche Sachen sagen." Während er so betete, fiel er zu Boden und weinte unaufhörlich.

Plötzlich bemerkte jemand, dass Ammas Körper sich ein wenig zu bewegen schien. Hatten sie es sich nur eingebildet oder bewegte sie sich tatsächlich? Langsam öffnete Amma ihre Augen und kam zum Leben zurück. Sie war vollkommen gesund und stark, als sei gar nichts geschehen. Die Freude und die Erleichterung der Menschen kannten keine Grenzen.

Von diesem Tage an, begann bei Sugunanandan ein großer Sinneswandel. Endlich erkannte er, dass seine Tochter die Göttliche Mutter selbst war. Von diesem Augenblick an hörte er auf, sie ändern zu wollen und ließ sie machen, was auch immer sie wollte.

# KAPITEL ELF

# Umarmung der Welt

Im Jahre 1975, als Amma ihre Einheit mit Gott in Form von Krishna und Devi erstmals öffentlich machte, sagte sie zu ihrem Vater: „Bitte niemanden um irgendetwas. Alles wird zu dir kommen, ohne dass du darum bitten musst. Gott wird dich segnen und dir alles geben, was du willst. In Zukunft wird dieser Ort ein großes spirituelles Zentrum werden; meine Devotees werden von überall aus dieser Welt hierher kommen. Tausende meiner Devotees werden wie deine eigenen Kinder und deine eigene Familie werden."

Bald darauf verließ eine erste Gruppe indischer Jugendlicher ihr zu Hause, um bei Amma zu wohnen. Amma überschüttete die *Brahmacharis*[8] mit Liebe und behandelte sie, als seien sie ihre eigenen Kinder. Unter ihrer liebevollen Führung begannen sie ein Leben der Entsagung. Ihr Verlangen, mit ihr zusammen zu

---

[8] 1 Ein Brahmachari oder eine Brahmacharini ist ein spiritueller Aspirant, der unter der Anleitung eines Gurus lebt.

sein, war so stark, dass sie kaum davon Kenntnis nahmen, dass fast keine Nahrung vorhanden war. Die meiste Zeit verbrachten sie im Freien, sie schliefen sogar ohne Matte auf dem blanken Boden. Was immer sie wirklich brauchten bekamen sie, ohne dass sie darum bitten mussten, und sie teilten alles miteinander. Sie hatten kein Geld. Deshalb gingen sie immer zu Fuß, wenn sie irgendwo hin mussten, auch wenn es sehr weit war. Sie besaßen nur die Kleider, welche sie am Leibe trugen, doch irgendwie lernten sie, damit auszukommen.

Eines Tages war ein *Brahmachari* deprimiert, weil die einzige Kleidung, die er hatte schmutzig und abgetragen war. Er beschwerte sich bei Amma über ihre Armut. Sie sagte zu ihm: „Bitte Gott nicht um solche Kleinigkeiten. Verneige dich zu den Füßen Gottes und er wird dir alles, was du wirklich brauchst, geben." Amma hatte selbst so gelebt und sprach daher aus eigener Erfahrung. Am darauf folgenden Tag brachte ein Devotee, der nicht wusste wie arm sie tatsächlich waren, neue Kleider für alle *Brahmacharis*.

Aufgrund der damaligen schwierigen Umstände erhielten die Brahmacharis eine umfassende Ausbildung im Entsagen. Um ihnen Mut zu machen, pflegte Amma zu sagen: „Wenn ihr dieses Training hier aushalten könnt, so werdet ihr euch überall zu Hause fühlen können. Wenn ihr diese schwierigen Umstände überwinden könnt, so wird es in Zukunft für euch ein Leichtes sein, mit allen Schwierigkeiten fertig zu werden."

Damals, als Ammas Ashram noch in der Entstehung war, gab einer ihrer Schüler ihr den Namen ‚Mata Amritanandamayi' und das ist der Name, unter dem sie heute auf der ganzen Welt bekannt ist. Die meisten Menschen nennen sie jedoch schlicht, Amma', was ‚Mutter' bedeutet.

Mit der Zeit erkannte auch ihre eigene Familie, dass Amma die Göttliche Mutter selbst war und sie veränderten sich enorm.

Sugunanandan und Damayanti fragten sich, was für gute Taten sie in ihren früheren Leben wohl getan haben mochten, um die ‚Eltern' der göttlichen Mutter zu sein!

Als Amma einmal gefragt wurde, weshalb sie denn in solch schwierige Umstände hinein geboren worden war, in denen sie missverstanden, misshandelt und von ihrer eigenen Familie und den meisten Dorfbewohnern abgelehnt worden war, antwortete Amma, dass sie die Geburt in solche Umstände deshalb aussucht habe, um die Menschen zu motivieren und um sie zu ermutigen. Sie wollte der Menschheit zeigen, dass unabhängig davon wie schwierig die Umstände auch sein mögen, Erleuchtung erreicht werden kann.

Amma sagte zudem, dass sie schon immer im Zustand des höchsten Bewusstseins war, dass sie sich schon immer, sogar als Kleinkind, vollkommen ihrer Einheit mit Gott bewusst war.

Und so nimmt man heute an, dass sie diese frühen Jahre der Sehnsucht und des Bemühens um Einheit erst mit Krishna und dann mit Devi durchlief, um ein Beispiel zu geben, dem man folgen kann.

Heute nennt sich der Ort, in dem Amma aufwuchs, Amritapuri. Und Ammas Zuhause ist ein Ashram geworden, welcher sich *Mata Amritanandamayi Math* nennt. Ein Ort, an dem Amma Hunderte von Männern und Frauen unterrichtet, die ihr Leben Gott widmen und der Menschheit dienen wollen. Tausende Familien in Indien wie auf der ganzen Welt betrachten den Ashram als ihr spirituelles Zuhause.

Im Ashram kann man Amma oft mit allen Bewohnern zusammen arbeiten sehen. Sie trägt Backsteine und Sand oder schneidet Gemüse usw. Wenn es eine schwierige oder schmutzige Arbeit zu erledigen gibt, sagt Amma nicht: „Geh mach es". Stattdessen geht Amma selbst an die Arbeit. Schon bald eilen alle zur Hilfe herbei und in Windes Eile ist die Arbeit erledigt.

## Die Welt umarmen

Amma lehrt ihre Kinder stets durch ihr eigenes Beispiel. Einmal war ein Loch im Dach einer Hütte, so dass das Wasser hinein lief, wenn es regnete. Die beiden *Brahmacharis*, die das Dach hätten reparieren sollen, verschoben die Arbeit immer wieder. Sie sagten wiederholt: ‚Lass es uns morgen tun, ' und so wurde es nie gemacht. Eines Morgens erfuhr Amma davon. Sie fragte auf der Stelle nach einer Leiter, stieg auf das kaputte Dach und begann, es zu reparieren. Als die *Brahmacharis* entdeckten, was Amma gerade machte, kamen sie herbeigeeilt. Sie flehten sie an, sie möge doch vom Dach herunter kommen, so dass sie es reparieren könnten, doch sie schenkte ihnen keine Aufmerksamkeit. Amma reparierte das Dach eigenhändig, während die *Brahmacharis* dort standen und ihr zuschauten und sich sehr schämten. Nach diesem Ereignis erledigten die beiden ihre Aufgaben immer sofort, ohne es auf ‚einen anderen Tag' zu verschieben.

Ein andermal kam ein krankes Mädchen in den Ashram und erbrach sich auf einen Sari. Eine *Brahmacharini*, die Amma versorgte und ihre Kleider wusch, fühlte sich so angeekelt, dass sie den beschmutzen Sari mit einem Stock aufnahm, um ihn so dem Waschmann zu übergeben. Als Amma dies sah, sagte sie: "Wenn Du Gott nicht in allem sehen kannst und wenn nicht allen den gleichen Dienst erweisen kannst, wo liegt dann der Sinn all dieser Jahre des Dienstes und der Meditation? Gibt es irgendeinen Unterschied zwischen Amma und diesem kranken Mädchen?" Darauf nahm Amma den Sari und wusch ihn eigenhändig.

Amma hat jeden Augenblick ihres Lebens, bei Tag und bei Nacht, dem Dienste der Menschheit hingegeben. Da Amma ständig über das Wohl anderer nachdenkt, neigt sie dazu, ihr eigenes zu vergessen und merkt jeweils gar nicht, wenn sie Hunger hat, durstig oder müde ist. Jeden Tag kommen Hunderte, wenn nicht gar Tausende von Menschen zum *Darshan* zu Amma. Sie erzählen ihr all ihre Sorgen und sie hört ihnen geduldig zu. Sie wischt ihnen ihre Tränen aus den Gesichtern und erleichtert ihnen ihre Leiden. Alle, die zu Amma kommen, werden von ihr umarmt. Über die Jahre gesehen hat Amma Millionen von Menschen liebevoll umarmt. Ob sie nun jung oder alt, reich oder arm, gut oder schlecht sind, Amma akzeptiert sie alle mit der gleichen außergewöhnlichen Liebe und Zärtlichkeit. Amma bietet allen Führung und Unterstützung; sie tröstet und hilft ihnen durch ihre Schwierigkeiten.

Amma tut ihr Möglichstes, um jenen zu helfen, die arm sind und leiden. Sie gründete mehrere Waisenhäuser, in denen ihre *Brahmacharis* und *Brahmacharinis* für Hunderte von Jungen und Mädchen sorgen, die keine Eltern haben oder deren Eltern sie zu Amma gebracht haben, weil sie sie nicht ernähren können. Amma ist sehr beschäftigt, doch verbringt sie ihre Zeit, wann immer sie kann, mit Kindern. Sie spielt mit ihnen, singt und tanzt mit ihnen, bringt ihnen ihre Mahlzeiten und gibt ihnen allen eine Umarmung und einen Kuss. Die Kinder fühlen, dass Amma ihre wahre Mutter ist.

Neben diesen Waisenhäusern hat Amma auch eine Vielzahl von Schulen und Institutionen höherer Bildungen sowie Computer-Schulen gegründet. Sie bietet jenen, die nicht genügend Geld haben Stipendien an und oder ermäßigte Studiengebühren. Sie weiß, dass wenn Jugendliche eine bessere Ausbildung erhalten, sie später auch eine einträgliche Arbeit finden werden und so besser für ihre Familien sorgen können.

Amma hat auch Krankenhäuser für die Armen bauen lassen; sie ließ Tausende von Häusern für Obdachlose errichten; sie ernährt die Hungrigen und hilft einer Vielzahl von Menschen auf die verschiedenste Art und Weise.

Amma sagt, dass die Welt wie eine Blume sei, und dass die unterschiedlichen Länder wie die Blütenblätter dieser einen Blume seien. Jedes Jahr reist Amma in all diese Länder, zu den

*Die Welt umarmen*

verschiedenen Blütenblättern dieser Weltenblume, um zigtausend Menschen zu treffen, welche in ihr ihre spirituelle Meisterin oder geliebte Mutter sehen. Sie streckt die Hand nach denen aus, die leiden und versucht ihnen zu helfen. In ihrer Gegenwart werden Menschen gutherzig und diejenigen, welche einsam sind entdecken, dass sie einen göttlichen Freund haben, welcher immer für sie da sein wird. Amma schenkt denen, welche verzweifelt sind Hoffnung und sie erfüllt alle mit einem Lächeln.

Amma lehrt uns, dass das Wichtigste im Leben ist, dass wir einander lieben und für einander sorgen. Sie inspiriert die Menschen ihre Herzen Gott zu öffnen.

Amma sagt: „Ein unaufhörlicher Fluss der Liebe fließt von Amma zu allen Wesen des Universums. Das ist Ammas angeborene Natur."

Krishna

# Zweiter Teil
# Erfahrungen von Ammas Kindern

## Krishnas Krone

Takkali war ein sieben Jahre altes Mädchen. Sie war die Nichte von Swami Purnamritananda. Ihr eigentlicher Name war Sheeja, doch Amma gab ihr den Kosenamen ‚Takkali', was so viel wie ‚Tomate' bedeutet. Takkali hatte einen Wunsch, den sie jedoch niemandem erzählte. „Oh Gott, " betete sie, „wenn Du mich die Krone tragen ließest, welche Amma während des *Krishna Bhavas* trägt, wäre ich so glücklich!" Doch niemand außer Amma hatte die Krone je getragen, und Takkali wusste, dass ihr Wunsch unmöglich zu erfüllen war.

An Krishnas Geburtstag ging Takkali mit ihren Eltern in den *Ashram*. Als sie auf der kleinen Fähre über die Backwaters zum *Ashram* kam, sah sie, dass Amma beim Bootssteg stand und auf sie wartete. Als dann Takkali mit ihrer Familie aus dem Boot stieg, nahm Amma Takkali bei der Hand und ging mit ihr zum Ashram. Dort stießen sie auf eine Gruppe Kinder, welche in bunte Kostüme gekleidet waren. Um Krishna Geburtstag zu feiern, waren die Kinder im Begriffe einen Volkstanz aufzuführen, welcher ein Stück aus der Kindheit Krishnas in Vrindavan zeigte. Amma geleitete Takkali in den Tempel, wo sie ihr wunderschöne Kleider anzog, die Art von Kleidern, die Krishna trug. Plötzlich, zum Entzücken des kleinen Mädchens, setzte Amma die Krishna Bhava-Krone auf Takkalis Haupt! Jetzt sah sie genauso aus wie Krishna, als er noch ein Kind war. Nun nahm Amma Takkali mit nach draußen, wo sie die Kinder in einem Kreise stehen ließ mit Takkali in der Mitte. Dann bat Amma die Kinder, um Takkali herum zu tanzen, als sei sie Krishna. Das war der glücklichste Tag in Takkalis Leben! Sie hatte Amma nie etwas über ihren Wunsch erzählt – aber Amma wusste alles, und sie erfüllte Takkalis Traum. Gott erfüllt die Wünsche derjenigen, die unschuldigen und ein reines Herzen haben.

## Dattan, der Leprakranke

Dattan war ein an Lepra erkrankter Mann. Er war noch ein Jugendlicher, als er von dieser schrecklichen Seuche heimgesucht wurde. Als seine Eltern erfuhren, dass Dattan Lepra hatte, warfen sie ihn aus dem Haus. Seine ganze Familie wandte sich von ihm ab und wollte nichts mehr mit ihm zu tun haben. Aufgrund seiner Krankheit konnte Dattan keine Arbeit finden. So wurde er Bettler. Er bettelt um sein Essen und verbrachte seine Tage und Nächte auf einem Tempelgelände. Mit der Zeit wurde sein Körper mit Wunden voller stinkendem Eiter übersät. Er verlor all seine Haare auf dem Kopf. Seine Augen waren entzündet und angeschwollen, so dass dort, wo einst seine Augen sichtbar waren, nur noch zwei schmale Schlitze zu sehen waren. Er war fast blind. Die Menschen fühlten sich angeekelt als sie ihn sahen. Sie wollten nichts mit ihm zu tun haben und weigerten sich, ihm irgendetwas zu Essen zu geben. So musste er sehr oft hungern.

Er versuchte, seinen Körper mit einem großen Tuch zu bedecken, jedoch war dies sehr schmerzhaft, da das Tuch an den Wunden haftete. Wegen seinen Wunden wurde er ständig von Fliegen und Insekten belästigt. Er durfte nie in einen Bus steigen, weil die Leute über seine Krankheit so entsetzt waren. Nicht einmal die anderen Bettler erlaubten ihm, sich in ihrer Nähe aufzuhalten. Bei seinem bloßen Anblick hielten sich die Menschen ihre Nasen zu und eilten davon. Manche spuckten ihn sogar an. Niemand kümmerte sich um ihn. Niemals hörte Dattan auch nur ein liebes Wort. Niemand lächelte ihm zu oder zeigte ihm Mitgefühl. Sein Leben war ein Albtraum. Er fühlte sich als das wohl nutzloseste Geschöpf der ganzen Welt.

Dann, eines Tages, hörte er jemanden über die heilige Amma sprechen. Er klammerte sich an den dünnen Faden der Hoffnung und beschloss, sie zu sehen. Er kam eines Abends während des *Devi Bhavas* an, doch niemand ließ ihn den Tempel betreten, um Amma zu sehen. Er sah so hässlich aus, sein Gesicht und Körper von Wunden bedeckt und von all dem Eiter stinkend. Als die Leute ihn sahen, sagten sie ihm, er solle sich entfernen. „Geh weg!" schrien sie ihn an. Dattan fühlte als ob sein Herz in tausend Stücke zerbreche, denn es schien ihm, dass sogar Gott ihn hasse. Doch plötzlich erblickte Amma ihn durch den offenen Eingang des Tempels. Sie rief: „ Mein Sohn! Mein Sohn! Komm zu mir!" Dattan trat in den Tempel und ging schüchtern auf Amma zu, in der Erwartung, dass sie den gleichen Ekel wie alle anderen empfinden würde. Doch Amma schien nicht zu bemerken, wie hässlich er war oder welcher Gestank von ihm aus ging. Zum ersten Mal seit mehr Jahren als er zählen konnte, sah er ein freundliches Gesicht – und ach! – und wie viel Liebe und Mitgefühl in diesem Gesicht war! Amma umarmte ihn mit größter Zärtlichkeit. Sie legte ihre Arme um ihn und hielt in ganz nahe, als sei er das entzückendste Kind auf Erden.

Die Menschen waren schockiert als sie sahen, was sie als nächstes tat. Amma begann seine mit Eiter gefüllten Wunden ab zu lecken, saugte den Eiter und das Blut aus ihnen und spie es in eine Schale. Sie führte den Leprakranken in den Hof hinter dem Tempel hinaus und badete ihn, indem sie unzählige Eimer voll Wasser über seinen Kopf leerte. Dann verteilte sie heilige Asche über seinen ganzen Körper und deckte so mit der Asche die Wunden zu. Dattan war von ihrer mütterlichen Liebe überwältigt. Nach dieser Nacht kam er sie während jedem *Devi Bava* besuchen, um Darshan zu erhalten. Amma ging immer durch das gleiche Ritual mit ihm. Sie leckte seine Wunden ab, gab ihm ein Bad und bedeckte seinen Körper mit heiliger Asche. Und jedes Mal behandelte sie ihn mit so viel Liebe als sei er ihr am meisten geliebtes Kind. Als Amma von ihren Devotees gefragt wurde, wie sie so etwas tun könne, antwortete sie: „Wer sonst ist denn da, um sich um ihn zu kümmern? Amma sieht nicht seine äußere Form;

sie kann nur sein Herz sehen. Amma kann ihn nicht abweisen. Er ist mein Sohn und ich bin seine Mutter. Kann eine Mutter ihr Kind im Stich lassen?"

Dattan wurde ein verwandelter Mann. Fast all seine Wunden waren verheilt. Ammas Speichel war seine göttliche Medizin. Seine Augen öffneten sich und er konnte wieder klar sehen. Das Haar auf seinem Kopf wuchs wieder. Er konnte wieder unbeschwert Bus fahren, ohne dass sich jemand durch seine Gegenwart gestört fühlte. Die Menschen sprachen zu ihm und gaben ihm Essen. Obwohl die Narben der schrecklichen Seuche auf Dattans Körper erhalten blieben, war der Eiter weg und er stank nicht mehr. Er konnte wieder ein Hemd und einen *Dhoti* (Lendenschurz) tragen, ohne dass der Stoff an seinem Körper klebte und ihm Schmerzen bereitete. Dank dem Segen von Amma war Dattan glücklich. Amma schenkte ihm ein neues Leben.

## Amma heilt einen gelähmten Jugendlichen

Im Jahre 1998, als Amma die Vereinigten Staaten besuchte, hörte sie von einem Jugendlichen, der in einem Krankenhaus in der Nähe von Boston lag. Er war völlig gelähmt. Der Jüngling, der ursprünglich aus Indien stammte, aber dessen Familie nun in den Vereinigten Staaten lebte, ging eines Tages in Boston die Straße entlang, als an einer Baustelle ein Stück des Gerüsts hinunterfiel und ihn traf. Er wurde ernsthaft verletzt und war seither gelähmt. Die Ärzte konnten ihn nicht heilen. Seine Eltern kamen zu Amma als sie Darshan in New York gab und fragten sie, ob es ihr mögliche wäre ihren Sohn zu besuchen. Amma stimmte zu. Auf ihrem Weg von New York nach Boston hielt Amma am Krankenhaus an, um den Jungen zu sehen. Als Amma das Zimmer betrat, saß er im Rollstuhl. Ein Stuhl wurde speziell für Amma hergerichtet; die Familie hatte ihn mit wunderschöner indischer Seide bedeckt. Doch Amma schien den Stuhl nicht zu bemerken. Sie ging sofort auf den Jüngling zu und setzte sich vor ihm auf den Boden. Sie betrachtete ihn mit einem Ausdruck von endloser Zärtlichkeit und streichelte seine nutzlosen Beine. Dann nahm sie einen seiner Füße in ihrer Hände und küsste ihn. Sie legte diesen vorsichtig nieder und nahm seinen anderen Fuß und küsste diesen ebenfalls. Der Junge und seine Eltern waren so von Ammas Bescheidenheit überwältigt, dass sie zu weinen begannen. Sogar die *Swamis* und *Swaminis* (Mönche und Nonnen), welche Amma begleiteten, waren zu Tränen gerührt. Amma blieb für eine Weile beim Jungen, bevor sie ihren Weg fortsetzte. Zwei Stunden später entdeckte er, dass er gehen konnte! Dank Ammas Gnade war er vollständig geheilt.

## Krishna Unnis Operation

Krishna Unni Nair lebte in Los Angeles. Seine Eltern liebten Amma mit tiefer Hingabe. Wann immer Amma nach Los Angeles kam, wohnte sie in ihrem Haus.

Als Krishna Unni fünf Jahre alt war, musste er sich einer Leistenbruch-Operation unterziehen. Seine Eltern waren darüber so besorgt, dass sie Amma eine Nachricht nach Indien schickten. Am Tag vor der Operation rief Amma sie an und sagte: „Meine Kinder, macht euch keine Sorgen. Es gibt überhaupt nichts worüber ihr euch Sorgen machen müsstet. Amma wird während der Operation bei Krishna Unni sein."

Am darauf folgenden Tag wurde Krishna Unni ins Krankenhaus gebracht. Auf dem Weg dorthin erzählten seine Eltern ihm Geschichten von Amma und Krishna, damit er keine Angst hatte.

Kurz bevor er in den Operationssaal gefahren wurde, erklärte Krishna Unnis Mutter ihm, dass sie nicht mit ihm hinein könne. Sie sagte: „Denke daran, was Amma gestern am Telefon gesagt hat – dass es dir gut gehen werde, und dass sie bei dir sein wird."

„Ja", flüsterte Krishna Unni.

Einige Stunden später, als er aus der Narkose erwachte, saß seine Mutter neben ihm. Sie lächelte ihn an und sagte: „Siehst du, es geht dir gut! Amma hat dir gesagt, dass alles gut gehen werde, nicht wahr?"

Der kleine Junge schaute zu ihr rauf und sagte: „Ich weiß, Mutter, ich habe Amma gesehen. Sie stand die ganze Zeit neben mir mit ihrer Hand auf meiner Schulter."

Danach sind Krishna Unni und seine Familie nach Indien gezogen. und leben nun im Ashram in Amritapuri. Sein Vater ist der leitende Arzt von *AIMS*, Ammas Fachkrankenhaus, dessen Ausstattung neuesten medizinischen Erkenntnissen entspricht.

## Ein kleines Mädchen kehrt ins Leben zurück

Ein kleines Mädchen namens Shayma lebte in Ammas Nähe. Sie litt unter schwerem Asthma. Eines Tages hatte Shayma einen derart schlimmen Anfall, dass ihre Großmutter sie eilends ins Krankenhaus brachte. Doch sie kamen dort zu spät an. Shayma war bei ihrer Ankunft schon tot. Als der Arzt der Großmutter erklärte, dass ihre Enkelin tot sei, wurde die alte Frau von Trauer überwältigt. Sie nahm den kleinen Körper und trug ihn aus dem Krankenhaus. Sie stieg in einen Bus und hielt das tote Mädchen auf dem ganzen Nachhauseweg auf ihrem Schoss. Als sie im Dorf ankam ging die alte Frau gleich zu Ammas Tempel. Laut weinend legte sie das tote Kind auf den heiligen Sitz, auf welchem Amma jeweils während des *Devi Bhavas* saß. In diesem Moment war Amma gerade bei einem Hausbesuch und sang hingebungsvoll Lieder. Da fühlte sich Amma plötzlich rastlos. Sie unterbrach den Gesang unvermittelt und eilte in den Tempel. Dort fand sie die alte Großmutter weinend und sich windend neben dem leblosen Körper des Kindes, welches quer über dem Sessel lag.

Die alte Frau flehte Amma an, das Kind zu retten. Amma setzte sich auf den Boden und hob das Kind auf ihren Schoss.

Mit dem toten Kind auf ihrem Schoss begann sie zu meditieren. Amma saß lange Zeit in tiefer Versenkung da. Plötzlich öffnete das Mädchen seine Augen und kam allmählich ins Leben zurück. Freudentränen strömten die Wangen der Großmutter hinunter. Von Dankbarkeit überwältigt, umarmte sie Amma immer und immer wieder.

## Glaube eines Kindes

Im Jahre 1991 weilte Amma für drei Tage in Vancouver in Kanada. Dort begegnete die Familie Herke Amma zum zweiten Mal. Eine Woche später bereiteten sich die Herkes vor, nach Kalifornien zu fahren, wo Amma das Programm fortsetzte. An dem Tage, an dem sie im Begriffe waren abzureisen, kamen die Eltern eines Schulkameraden der sechs Jahre alten Sharada Herke zur Schule und baten die Kinder, für ihren zwei Jahre alten Sohn zu beten. Fünf Tage zuvor war er nämlich in ein Schwimmbad gefallen. Er war mindestens fünf Minuten unter Wasser. Obwohl er noch am Leben war, befand er sich seit fünf Tagen im Koma. Die Ärzte sagten, dass selbst wenn er sich wieder erholen würde, sein Gehirn sicherlich geschädigt wäre. Doch da bereits fünf Tage vergangen waren, ohne dass er aufwachte, dachten sie, dass er überhaupt nicht überleben würde. Als Sharada und ihre Familie nach Kalifornien gingen, sagte Sharada: „Ich weiß was zu tun ist! Ich werde Amma davon erzählen."

Als sie im Ashram in Kaliforniern ankamen, war Amma in *Devi Bhava*. Sharada ging sogleich auf Amma zu und erzählte ihr von dem kleinen Jungen. Amma sah Sharada für eine sehr lange Zeit an und sagte schließlich, dass sie für den Jungen beten werde.

Am nächsten Tage sagte Amma zu Sharada, dass sie fühle, dass es dem Jungen gut gehe und dass Sharada sich keine Sorgen machen müsse.

Erst nach einigen Wochen, nachdem die Familie nach Kanada zurückgekehrt war, erfuhren sie die restliche Geschichte. Am gleichen Abend, als Amma vom Unfall des Jungen erfuhr, wachte er plötzlich auf, in bester Gesundheit, als hätte er einfach nur eine gute Nachtruhe hinter sich und das alles, obwohl er mittlerweile bereits sechs Tage im Koma gelegen hatte. Die Ärzte sagten, dass es ein Wunder sei. Es gab überhaupt keine Spur eines Gehirnschadens und das lange Rehabilitationsprogramm, das für gewöhnlich in solchen Fällen notwendig ist, war überflüssig. All dies passierte aufgrund von Sharadas unschuldigem Glauben. Sie fühlte, dass alles, was sie tun müsse, war Amma vom Unfall des kleinen Jungen zu erzählen und alles würde wieder in Ordnung sein. Und genau das geschah.

## Der Mango-Baum

Nicht nur Menschen sind Ammas Kinder. Amma liebt Tiere und Pflanzen genauso, wie sie Menschen liebt. Die folgende Geschichte ist das Erlebnis eines der ‚Kinder Ammas', das ein Baum ist.

Eines Tages entwurzelten ein paar *Brahmacharis* einen Mango Baum und pflanzten ihn wo anders hin. Unglücklicherweise war der Baum durch den Umzug in einem Schockzustand und die *Brahmacharis* vernachlässigten ihn. So verwelkte der Baum und starb. Einige Zeit später kam Amma während eins Rundgangs auf dem Ashramgelände an dem Baum vorbei. Als sie ihn sah, war ihr Gesicht von Schmerz gezeichnet. Sie beugte sich nieder und küsste den Baum. Sie war wie eine Mutter mit ihrem verletzten Kind. Die *Brahmacharis* merkten, dass sich ihre Augen mit Tränen füllten. Sie waren zutiefst bewegt, als sie ihre offensichtliche Liebe und ihr Mitgefühl mit der Natur sahen und ihre Sorge um einen kleinen Baum. Und als sie Ammas Tränen sahen, begann auch sie zu weinen.

Amma sagte zu ihnen: „Kinder, bitte, zerstört Leben nie wieder auf diese Art. Ein Mensch auf dem spirituellen Pfad sollte so etwas nie tun. Unser Ziel ist es, überall Leben zu erfahren – zu fühlen, dass alles lebt. Wir sollten versuchen, so etwas nicht zu tun, denn wir haben kein Recht auf Zerstörung. Nur Gott, welcher erschafft, hat das Recht zu zerstören. Ihr müsst daran denken, dass alles mit Bewusstsein und Leben erfüllt ist. Es gibt keine tote Materie – alles ist Bewusstsein. Gott ist überall."

Als Amma mit Reden aufhörte, umarmte sie den Baum und bat ihn darum, den *Brahmacharis* ihre Tat zu vergeben. Einige Tage später, entdeckten die *Brahmacharis*, dass der Baum wieder zum Leben erwachte und Blätter zu sprießen begannen.

Ammas göttlicher Kuss und ihre Liebe hatten den toten Baum wieder zum Leben erweckt.

## Eine Blume für Krishna

Bhaskaran war Ammas Nachbar. Er war ein älterer Mann, der seinen Lebensunterhalt verdiente, indem er von Dorf zu Dorf zog und das *Srimad Bhagavatam* oder andere heilige Text sang und alles, was ihm dafür gegeben wurde, annahm. Er hatte von Ammas *Krishna Bhava* gehört und kam auch einige Male, jedoch war er nicht wirklich davon überzeugt, dass er während des Krishna Bhavas tatsächlich Krishna selbst sah.

Eines Nachts hatte er einen lebhaften Traum. Krishna erschien ihm und sagte: „Mein Sohn, Du wanderst schon seit Jahren von Dorf zu Dorf und hältst mich (den *Srimad* Bhagavatam) unter deinem Arm, und was hast du dabei gewonnen? Hier bin ich, direkt unter deiner Nase, im Haus nebenan und du erkennst mich nicht. Wie närrisch du doch bist!" Erstaunt wachte Bhaskaran auf. Von da an ging er oft zum *Krishna Bhava*.

Eines Tages, auf seinem Rückweg von einem nahe gelegenen Dorf, kam er an einem Teich vorbei und bewunderte gerade die

Schönheit der Lotusblumen auf dem Wasser. Er dachte zu sich: „Wie schön wäre es doch, wenn ich eine solche Blume während des *Krishna Bhavas* Krishna darbringen könnte." Er ging zum Priester dieses Tempels und fragte ihn, ob er eine Lotusblume für Krishna pflücken dürfe. Nachdem ihm die Erlaubnis erteilt worden war, ging er hin und pflückte eine wunderschöne, rosa Lotusblume und machte sich auf den Weg zu Ammas Haus.

Auf dem Wege dorthin hielt ihn ein charmanter kleiner Junge an und bat ihn, ihm die Blume zu geben. Bhaskaran war in einem Dilemma. Er fühlte eine unerklärliche Zuneigung zum Jungen und hatte großes Verlangen ihm die Blume zu geben, um ihn damit glücklich zu machen. Doch zur gleichen Zeit empfand er, dass es schlecht sei, einem gewöhnlichen Menschen etwas zu geben, das ursprünglich für die Verehrung Gottes gedacht war. Schließlich aber, siegte sein Herz über sein Pflichtbewusstsein und er gab dem kleinen Jungen die Lotusblume.

Als er in den Ashram kam, war Amma bereits im *Krishna Bhava*. Sobald er den Tempel betreten hatte, rief sie ihn an ihre Seite und fragte mit einem Lächeln: „Wo ist die Blume?" Bhaskarans Herz machte einen Sprung. Er war so überrascht, dass er seine Sprache verlor. Amma strich liebevoll über seinen Kopf und sagte: „Mach dir keine Sorgen, der kleine Junge, dem du die Blume gabst - das war ich, Krishna."

## Jason

Beim ersten Mal, als Amma in New York weilte, hatte sie eines morgens gerade begonnen Darshan zu geben, als sie auf einen kleinen, blonden Jungen zeigte, der mit seinem Vater auf der anderen Seite des Raumes saß. Amma sagte zu einem der *Brahmacharis*: „Dieses Kind hat keine Mutter. Amma empfindet große Liebe und Mitgefühl zu ihm." Der Junge war noch nicht bei Amma gewesen und niemand hatte ihr irgendetwas von ihm erzählen können.

## Mutter süßer Glückseligkeit

Nach einer Weile warf Amma verspielt eine Schokolade quer durch das Zimmer, wo der Junge saß. Er lächelte und aß die Schokolade. Schon bald warf Amma eine Schokolade auf halbem Weg durch das Zimmer. Er ging ein wenig näher zu Amma und nahm sich sein zweites Leckerbissen. Amma wiederholte dies noch einige Male, bis er nahe genug war und dann packte sie ihn. Beide lachten. Der kleine Junge fühlte sogleich eine starke Verbindung zu Amma.

Sein Vater kam zu Amma und erklärte, dass sein Sohn Jason Richmond jetzt sechs Jahre alt sei und er seine Mutter bereits mit acht Monaten verloren habe, dass er oft in der Nacht weinend aufwache und frage, warum er denn keine Mutter habe. Amma hielt Jason in ihrem Arm und sagte: „Jason, ich bin deine Mutter!" Jason schaute Amma verwundert an. Er dachte, dass sie die Mutter war, die ihn geboren hatte. Sein Gesicht leuchtete vor Glück. Zum ersten Mal in seinem Leben erfuhr er die Liebe einer echten Mutter– seiner eigenen Mutter. Während den folgenden Tagen und bei den darauf folgenden Besuchen in Amerika überhäufte Amma Jason mit Liebe und ließ ihn fühlen, dass sie tatsächlich seine wahrhaftige Mutter ist.

Am dem ersten Morgen sagte Jasons Vater außerdem zu Amma, dass Jason unter Epilepsie leide und das er regelmäßige Anfälle habe und dass die Medikamente nicht helfen würden. Amma gab ihm ein Stück Sandelholz und zeigte ihm, wie er es anzuwenden habe[9]. Ammas Anweisung wurden genau befolgt und Jason hatte nie wieder einen Anfall.

---

[9] In Indien macht man aus Sandelholz eine Paste, die Amma oft als äußerlich angewendetes Heilmittel für die verschiedensten Krankheiten empfiehlt.

# Dritter Teil

# Ammas Lehren

1. Meine Kinder, die Gesellschaft braucht Menschen, junge und intelligente, wie ihr es seid. Ihr repräsentiert die Hoffnung und die Zukunft dieser Welt. Lasst die Blume, die in euch ist, erblühen und dadurch ihren Duft überall auf der Welt verbreiten. Beginnt, die Tränen der Leidenden abzuwischen und verbreitet das Licht der Spiritualität.

2. Es ist Ammas Wunsch, dass alle ihre Kinder ihr Leben für die Verbreitung von Liebe und Frieden auf der ganzen Welt widmen. Wahre Liebe und Hingabe zu Gott, bedeutet Mitgefühl mit den Armen und den Leidenden. Meine Kinder, nährt diejenigen, die hungern, helft den Armen, tröstet die Unglücklichen und die Leidenden, seid mitfühlend zu allen – das ist Ammas Botschaft an euch.

3. Gold ist so schön und wertvoll. Stell dir vor, Gold wäre zudem noch duftend – wie viel wertvoller und reizvoller wäre es dann! Meditation und andere spirituelle Übungen sind tatsächlich sehr wertvoll. Aber versuchen wir neben Meditation und der Verehrung Gottes auch Eigenschaften wie Liebe, Mitgefühl und Sorge für unsere Mitmenschen zu entwickeln, dann ist es, als habe Gold einen Duft, welcher sehr speziell und einzigartig ist.

4. Es war einmal ein Meister, der einen Schüler hatte, der nur ungern den Armen Almosen verteilte. Der Meister wusste dies und ging als Bettler verkleidet zum Haus des Schülers. Als er dort ankam, war der Schüler gerade damit beschäftigt, das Bild des Meisters zu ehren, indem er Milch und Früchte darbot. Der Meister rief an der Türschwelle: „Aus Liebe zu Gott, bitte gib mir ein Almosen!" Der Schüler jagte ihn fort und sagte: „Hier gibt es nichts für dich!". Augenblicklich nahm der Meister seine Verkleidung ab. Als der Schüler seinen Meister erkannte, war er voller Reue und bat ihn um Vergebung.

Viele Menschen sind wie dieser Schüler in dieser Geschichte. Sie bieten einem Bildnis Gottes Milch und Früchte dar, doch sie weigern sich, einem hungernden Menschen auch nur eine Handvoll Reis zu geben und merken dabei nicht, dass Gott auch in dem armen Mann weilt. Sie sind gewillt, ein Bildnis Gottes zu lieben, doch nicht den lebenden Gott.

5. Kinder, auch wenn wir nicht in der Lage sind anderen auf materieller Ebene zu helfen, können wir ihnen zumindest ein liebevolles Lächeln oder ein nettes Wort schenken, das kostet uns nichts. Es braucht ein mitfühlendes Herz – das ist der erste Schritt im spirituellen Leben. Diejenigen, welche anderen gegenüber freundlich und liebevoll sind, brauchen auf der Suche nach Gott nicht umher zu wandern, denn Gott wird zu jenen eilen, deren Herzen voller Mitgefühl sind. Ein solches Herz ist Gottes Lieblingsort.

6. Amma bemerkte, dass ein Brahmachari eine Bananenschale nicht aufhob, welche schon seit einer Weile auf dem Boden herumlag. „Mein Sohn, Du hast die Bananenschale nicht aufgelesen, obwohl Du sie dort liegen sahst. Wenn sie dort liegen bleibt, könnte jemand aus Versehen drauf treten und ausrutschen. Dann ist es deine Schuld, nicht wahr? – denn Du hast sie gesehen und dennoch nicht entfernt."

So solltest Du aufmerksam sein, wenn Du auf der Straße gehst. Wenn irgendwelche Scherben auf dem Wege liegen, solltest Du sie entfernen, damit sich die anderen nicht verletzen. Jene, welche selbstsüchtig sind, werden sich um solche Sachen nicht kümmern. Doch wir müssen uns darum kümmern, damit sogar diejenigen, welche selbstsüchtig sind, sich nicht verletzen.

7. Warum sagen wir ,*Om Namah Shivaya*' wenn wir die Leute Grüßen? ,*Om Namah Shivaya*' bedeutet, Shiva (der Verheisungsvolle) sei gegrüßt'. Jeder Mensch ist ein Teil Gottes. Wenn wir also jemanden mit ,*Om Namah Shivaya*' grüßen, sagen wir damit dieser Person, „Ich Grüße die Göttlichkeit in dir, und ich will, dass du weißt, dass ich diese Göttlichkeit liebe und respektiere."

8. Es war einmal ein Mädchen, aus einer reichen Familie stammte. Es war mit einem Mädchen gleichen Alters befreundet, das aus einer armen Familie kam und zudem blind und schwach war. Sie waren beste Freundinnen. Das reiche Mädchen spielte jeden Tag mit ihm und versuchte, es aufzumuntern und zum Lachen zu bringen. Doch der Vater war überhaupt nicht begeistert als er herausfand, dass seine Tochter mit einem Mädchen aus einer armen Familie spielte. Er wollte, dass sie das Mädchen vergesse und dass sie sich mit anderen Kindern aus gleichem Milieu anfreunde. So lud er das Kind eines seiner wohlhabenden Kollegen ein, damit es mit seiner Tochter spiele. Obwohl die beiden sich gut anfreundeten, war das Mädchen dennoch viel mehr von seiner blinden Freundin begeistert und zog deren Gesellschaft

vor. Als ihr Vater davon erfuhr, fragte er seine Tochter: „Warum willst du ein Mädchen, das so arm ist, zur Freundin, wenn du doch die Tochter meines wohlhabenden Kollegen zur Freundin haben kannst?" Sie antwortete: „Oh Vater, ich mag das andere Mädchen sehr wohl. Doch sie hat viele Spielsachen und andere Spielgefährten. Meine Freundin hier ist einsam. Wenn nicht ich sie liebe und ihr ein wenig Liebenswürdigkeit entgegenbringe, hat sie sonst niemanden, der sich um sie kümmert. Ich will ihr helfen."

Kinder, wir sollten uns immer daran erinnern, dass alle Menschen gleich sind, sowohl die, welche in der Gesellschaft ganz oben stehen, als auch diejenigen, die in der Gesellschaft ganz unten sind. Doch die Existenz derjenigen, die ganz arm sind, hängt von der Liebe und dem Mitgefühl der anderen ab. Ein wohlhabender Mensch hat für gewöhnlich sehr viel Unterstützung von anderen, doch auf einen armen Menschen wird mit Ausnahme von ein paar wenigen mitfühlenden Menschen immer herunter geschaut.

9. Geld und materielle Güter kommen nicht wieder, wenn wir sie verschenken. Anders ist es aber mit der Liebe. Denn je mehr Liebe du gibst, umso mehr wird sich dein Herz mit Liebe füllen. Liebe ist wie das unendliche Fließen eines Flusses. Amma möchte, dass all ihre Kinder Quellen der Liebe werden, immerdar Liebe und Mitgefühl unter ihren Mitmenschen verbreitend und somit den anderen ein Vorbild sind, das gleiche zu tun.

10. Einmal fragte jemand Amma: „Warum verhält sich Gott so still, während es so viele Leidende gibt? Kann er denn nichts unternehmen, um das Leiden zu lindern?"

Aber Gott HAT etwas getan. Er hat uns erschaffen, in der Hoffnung, dass wir etwas tun, um den Leidenden zu helfen. Wir sollten an diese Menschen denken. Wir sollten versuchen, ihr Leiden nachzuvollziehen. Wir neigen dazu, uns nur um unsere eigenen Probleme zu kümmern. Wir kümmern uns weder um die Sorgen anderer, noch haben wir Mitgefühl. Das ist unser größtes Problem.

11. Da gab es einst einen König, dessen Land immer wieder von benachbarten Königen angegriffen wurde, und er verlor immer. Jedes Mal verlor er ein weiteres Stück Land Stück. Eines Tages fühlte er, dass er es nicht mehr ertragen konnte. Er beschloss aufzugeben. Er gab seine Verpflichtungen als König auf und zog sich in einen Wald zurück. Er war sehr deprimiert. Eines Tages beobachtete er eine Spinne, die gerade versuchte, ein Netz zwischen zwei Ästen zu spinnen. Immer wieder probierte die Spinne, das Netz zu befestigen, doch ohne Erfolg, denn es riss immer wieder. Doch obwohl die Spinne immer wieder versagte, weigerte sie sich aufzugeben. Der König schaute mit wachsender Faszination zu, während das kleine Insekt die Arbeit fleißig fortsetzte. Es kroch sogar auf den anderen Ast und versucht das Netz von dort aus zu befestigen. Schließlich, nach vielen Versuchen, spann und flocht die Spinne zwischen den beiden Ästen erfolgreich ein starkes und wunderschönes Netz.

Der König lernte von der kleinen Spinne eine große Lektion. Er dachte: „Wenn sich sogar eine scheinbar so unbedeutende Spinne derart bemühen kann, ohne aufzugeben, dann sollte ich sicherlich dasselbe tun und härter für meine königlichen Aufgaben arbeiten. Und nicht wie ein Feigling davonlaufen, wenn es schwierig wird." Und so kehrte der König in sein Königreich zurück und nahm seine Rolle als König wieder auf. Von da an weigerte er sich aufzugeben. Durch bloße Entschlossenheit besiegte er nach und nach die benachbarten Könige, welche ihn und sein Land anzugreifen versuchten, bis sie es aufgaben. Und endlich konnte sein Land Frieden genießen. Er regierte sein Königreich viele Jahre gerecht und weise und vergaß nie mehr die Lektion, die ihn die Spinne lehrte.

12. Keine Arbeit ist unbedeutend. Es ist die Liebe – wie viel Herz du in deine Arbeit steckst – was sie bedeutend und wunderschön macht.

13. Deinen *Mind* zu kontrollieren, dass ist die beste Ausbildung, die du erhalten kannst. Das ist spirituelle Schulung.

14. Sogar die ‚Selbstsucht' einer spirituellen Person dient dem Wohle der Welt. Es waren einmal zwei Knaben, die in einem Dorf lebten. Beide erhielten von einem Sannyasi Samen. Der erste Junge röstete die Samen, aß sie und stillte damit seinen Hunger. Er war eine weltliche Person. Der zweite Knabe säte seine Samen aus und erntete davon viel Weizen, welchen er den Hungrigen gab. Obwohl die beiden Jünglinge zu Beginn selbstsüchtig waren und das, was ihnen gegeben wurde annahmen, kam die Einstellung des zweiten Jungen vielen Menschen zugute.

15. Dein Herz ist ein Schrein – und darin sollte Gott wohnen. Gute Gedanken sind die Blumen, die Du Gott darbringst; gute Taten deine Verehrung für ihn; wann immer du freundlich mit anderen sprichst, ist es als wenn du Gott eine Hymne singst, und deine Liebe ist das heilige Mahl, das Du ihm anbietest.

16. Kinder, ihr solltet nie etwas tun, das jemandem Schmerzen oder Kummer bereiten könnte. Solche Taten werden sich schlecht auf euch auswirken. Wenn wir jemanden verletzen, ist die Person oft ganz unschuldig. Mit schmerzenden Herzen werden solche Menschen dann ausrufen, dass ihr sie verletzt habt, obwohl sie nichts Falsches getan hätten. Ihre Gedanken und ihre Gebete werden sich auf euch auswirken und später werden sie die Ursache eures Leidens sein. Deshalb wird immer wieder betont, dass man nie jemanden mit Gedanken, Worten oder Taten verletzen soll. Selbst wenn wir anderen keine Freude bereiten können, sollten wir zumindest davon ablassen, ihnen Leid zuzufügen. Wenn wir in dieser Hinsicht vorsichtig sind, so wird Gottes Gnade bei uns sein.

17. Einmal besuchte ein hoher Regierungsbeamter ein Dorf, welches wohl das schmutzigste Dorf im ganzen Land war. Er verbrachte eine Nacht als Gast beim Bürgermeister des Dorfes. Haufen von Abfall säumten die Straßen und die Abwasserkanäle waren voll schmutzigem, stehendem Wasser. Ein fürchterlicher Gestank durchdrang das gesamte Dorf.

Der Minister fragte den Bürgermeister, weshalb der Ort so schmutzig sei. Er sagte: Die Menschen dieses Dorfes sind unwissend. Sie wissen nichts über Reinlichkeit. Es ist ihnen ganz einfach egal. Ich versuchte es ihnen beizubringen, aber sie wollten einfach nicht zuhören. Ich sagte ihnen, dass sie das Dorf säubern sollen, doch sie tun es nicht. So habe ich schließlich aufgegeben.' Der Bürgermeister plapperte weiter, indem er die Dorfbewohner für alles beschuldigte. Der Minister hörte geduldig zu, ohne etwas zu sagen. Sie aßen zu Abend und danach ging der Minister zu Bett.

Frühmorgens am nächsten Tag, als der Bürgermeister aufwachte, wollte er den Minister zum Frühstück abholen und stellte fest, dass sein Gast nicht mehr da war. Er suchte ihn überall und fragte seine Bediensteten, ob sie ihn gesehen hätten, doch niemand wusste, wo er war. Alle begannen nach ihm zu suchen. Endlich fand der Bürgermeister ihn. Der Minister war auf der Straße und machte ganz alleine sauber. Er häufte den Abfall auf einen großen Haufen und zündete ihn jeweils an. Als er das sah, schämte sich der Bürgermeister. Er sagte zu sich: ‚Wie kann ich bloß hier herumstehen und nichts tun, wo doch selbst der Minister derart arbeitet?' So ging er ebenfalls hinaus und begann damit, das Dorf zu säubern. Als die Dorfbewohner auf die Straße hinauskamen, waren sie sehr überrascht zu sehen, wie die beiden Männer eine solch schmutzige Arbeit verrichteten. Sie empfanden, dass sie nicht einfach dastehen und zuschauen konnten, während der Minister und der Bürgermeister das Dorf aufräumten. So gingen auch sie an die Arbeit. Innerhalb kürzester Zeit war das gesamte Dorf tadellos sauber. Nicht einmal das kleinste bisschen Abfall war mehr zu sehen. Das ganze Dorf sah nun komplett anders aus.

Kinder, jemandem etwas beizubringen kostet viel weniger Zeit, wenn man mit seinem eigenen Beispiel vorangeht, als wenn man nur darüber predigt. Steht nicht herum und zeigt mit dem Zeigefinger auf andere und kritisiert sie nicht für etwas, dass sie unterlassen haben. Ergreift die Initiative und setzt ein Beispiel, indem ihr es selbst angeht. Dann werden die anderen automatisch eurem Beispiel folgen. Indem ihr andere beschuldigt, könnt ihr sie nicht ändern. Wenn ihr andere kritisiert, wird euer eigener *Mind* unrein und es wird nichts Gutes daraus resultieren. Taten werden gebraucht. Nur wenn ihr selbst versucht etwas zu tun, wird es einen Wandel zum Besseren geben.

18. Die Fehler der anderen sollten wir immer verzeihen. Wenn Menschen uns kritisieren und uns für etwas beschuldigen, das wir nicht getan haben, werden wir oft ärgerlich. Wir sollten ihnen einfach verzeihen. Gott prüft uns, und er prüft auch diejenigen, die uns beleidigen. Werdet nie wütend auf jemanden.

19. Diejenigen, die aus Selbstsucht andere verletzen, graben eigentlich sich selbst die Grube, in die sie unweigerlich fallen werden. Es ist als ob man in die Luft spucke, während man am Boden liegt; die Spucke wird auf das eigene Gesicht zurückfallen.

20. Kinder, Rückschläge passieren im Leben immer wieder. Nehmt einmal an, dass ihr über etwas stolpert und stürzt. Ihr würdet nicht denken: „Also gut! Nun, da ich gefallen bin, werde ich hier für immer liegen bleiben. Ich werde nicht aufstehen und weitergehen." Eine solche Denkweise wäre ziemlich unsinnig, nicht wahr?

Ein Kleinkind wird unzählige Male hinfallen, bis es Gehen lernt. Genauso sind Fehlschläge Teil unseres Lebens. Behaltet in Erinnerung, dass jeder Fehlschlag die Botschaft eines möglichen

Erfolges in sich trägt. Genauso wie ein Kleinkind fallen wird, bevor es sicheren Schrittes kan, so sind unsere Fehlschläge bloß der Anfang unseres Aufstiegs zum letztendlichen Sieg. Daher gibt es keinen Grund, sich jeweils enttäuscht oder frustriert zu sein.

21. Es war einmal ein Mann, der in den Zug stieg und einen großen, schweren Koffer auf seinem Kopf trug. Nachdem der Zug abgefahren war, begann der Mann, der mit dem Gewicht des Koffers zu kämpfen hatte, zu klagen: „Ach! Das Gewicht dieses Gepäcks drückt mich nieder, es ist viel zu schwer!"

Als dies ein Passagier, der gerade in der Nähe saß, hörte, fragte er: „Weshalb stellst Du das Gepäck denn nicht ab? Lass doch den Zug das Gewicht für dich tragen."

In ähnlicher Weise müssen wir uns nicht mehr um unser Leben sorgen, wenn wir alles Gott zu Füßen legen. Gott wird unsere Last für uns tragen.

22. Wenn wir die Leben von Rama, Krishna, Buddha und Jesus Christus betrachten, können wir erkennen, dass sie in ihren Leben vielen Hindernissen gegenüber standen. Doch weil sie mit Geduld und Begeisterung handelten, waren sie in der Lage, diese zu überwinden.

Natürlich, mögen einige Leute argumentieren und sagen, dass sie ja große *Mahatmas* waren und dass wir uns mit ihnen nicht vergleichen können – wir seien doch nur gewöhnliche Leute, wie könnten wir also versuchen, so zu sein wie sie? Doch Amma sagt, dass wir nicht einfach gewöhnliche Geschöpfe sind. Wir sind außergewöhnlich. In jedem von uns steckt eine unendliche Kraft. Wir sind nicht bloß kleine Batterien – wir haben direkten Zugang zur Quelle der Kraft. Wir müssen lernen, diese Kraft auszustrahlen, sie zu vergrößern und sie einzusetzen. Dann werden auch wir erfolgreich sein im Leben.

23. Kinder, wenn ein jeder von uns sich bemüht, so kann die Armut und das Leid in unserem Lande besiegt werden.

24. Wenn es nur zwei Jugendliche im Dorf oder in der Nachbarschaft gibt, welche der Welt zu dienen versuchen, indem sie die Initiative ergreifen wohltätige Aktivitäten zu organisieren und spirituelle Weisheit verbreiten, dann wird sich die Welt zum Besseren wenden.

25. Wir können viel vom Beispiel der Natur lernen, indem wir beobachten und schauen, wie einfach die Natur mit Hindernissen fertig wird. Zum Beispiel, wenn sich auf dem Weg einer Ameise ein Stein befindet, so wird die Ameise entweder über den Stein klettern oder drum herum laufen und ihren Weg fortsetzen. Oder wenn einem Baum ein Fels im Wege steht, so wird der Baum einfach drum herum wachsen. Auf dieselbe Art fließt das Wasser eines Flusses um ein Holz oder um einen großen Felsbrocken herum, der seinen Weg versperrt. Auch wir sollten lernen, uns an die Umstände des Lebens anzupassen, indem wir versuchen, sie mit Geduld und Begeisterung zu überwinden.

26. Wenn uns jemand beschimpft oder sich mit uns streiten will, werden wir auf diese Person böse. Wir werden aufgrund unserer Feindseligkeit ihn oder sie vielleicht sogar körperlich angreifen versuchen. Doch die Weisen fühlten niemandem gegenüber Feindseligkeit. Sie liebten sogar diejenigen, die gegen sie waren. So waren die Weisen und die anderen edlen Charakter der alten indischen Epen.

27. Wenn aus einem Samen ein Baum werden soll, so muss er zuerst unter die Erde. Nur durch Bescheidenheit und Demut können wir spirituell wachsen. Stolz und Selbstsucht werden uns nur zerstören. Sei liebenswürdig und mitfühlend, mit der Einstellung, dass du allen ein Diener bist. So wird sich das gesamte Universum vor dir verneigen.

28. Während eines Wirbelsturms können große Bäume entwurzelt werden und Häuser in sich zusammen fallen. Doch einen Grashalm, der sich biegt, kann der Sturm nicht beschädigen, mag er noch so sehr toben. Das ist die Großartigkeit der Demut.

29. Kinder, wann immer ihr das Haus verlässt, solltet ihr allen Leuten gegenüber, die älter sind als ihr, Respekt erweisen. Gewöhnt, euch von den Eltern zu verabschieden, bevor ihr am Morgen zur Schule geht. Gott überschüttet all jene mit seiner Gnade, die bescheiden sind.

30. Was diese Welt braucht sind Diener und nicht Leiter/Chefs. Alle wünschen sich, Leiter/Chefs zu werden. Wir haben genügend Leiter/Chefs, die keine wirklichen Leiter/Chefs sind. Lasst uns dagegen wahrhafte Diener werden. Denn nur so wird man zu einem wahrhaftigen Leiter/Chefs.

31. Gott ist überall, nicht nur im Menschen. Gott ist in den Bergen, den Flüssen und den Bäumen, in den Vögeln und in den Tieren, in den Wolken, der Sonne, dem Mond und in den Sternen.

Alles in der Natur hat einen Zweck. Es gibt keine Fehler in der göttlichen Schöpfung. Jedes Geschöpf und jeder Gegenstand, den Gott erschaffen hat, ist völlig einzigartig. Wie kann irgendjemand, der dies versteht, töten und zerstören wollen?

32. Kinder, denkt an die herrlichen Wunder der Natur! Kamele sind mit einem speziellen Sack gesegnet, in dem sie während ihrer langen Wege durch die Wüste Wasser speichern können. Das Känguru hat eine eingebaute Wiege, so dass es das Junge überall mitnehmen kann. Sogar diejenigen Kreaturen, die scheinbar unwichtig, ja sogar gefährlich sind, haben eine ganz besondere Rolle in der Welt zu spielen. Zum Beispiel: Spinnen halten den Insektenbestand im Gleichgewicht, Schlangen halten die Ratten davon ab, sich in zu großem Ausmaß zu vermehren und sogar das winzige Plankton im Meer dient dem Wal als Nahrung. Viele

Pflanzen sehen wie unnützes Unkraut aus, doch sie können zu Medizin verarbeitet werden und dadurch schreckliche Krankheiten heilen. Wir kennen nicht von allem den Sinn und Zweck. Mutter Natur ist ein Mysterium für uns. Ohne die Natur könnte jedoch kein Tier oder Mensch oder sonst irgendetwas leben. Deshalb ist es unsere Pflicht, allem Leben gegenüber liebevoll Sorge zu tragen.

33. Pflanzen und Bäume haben auch Gefühle. Sie können sich sogar ängstigen. Wenn jemand mit einer Axt auf einen Baum zugeht, hat der solche Angst, dass er zittert. Du kannst es nicht sehen, doch wenn du ein mitfühlendes Herz hast, kannst du es fühlen.

34. Die Erfahrung ist der Lehrmeister eines jeden. Leiden, meine Kinder, ist der Lehrmeister, der euch Gott näher bringt.

35. Versuche das Gute in allem zu sehen. Sei wie eine Honigbiene, welche nur den Honig nimmt, wo immer sie auch hin fliegt.

36. Wir werden mental geschwächt, wenn wir auf die Fehler der anderen schauen, doch wir steigen auf eine höhere Ebene, wenn wir das Gute in allen sehen. Wenn wir sagen, dass eine Person schlecht ist, wer immer es auch sein mag, sind wir bereits selbst schlecht dadurch geworden. Sogar wenn ein Mensch zu neunundneunzig Prozent unredlich ist, sollten wir stets das eine Prozent an Gutem in ihm oder ihr sehen. So können wir selbst gut werden. Wenn wir die negativen Aspekte eines Menschen betrachten, erniedrigen wir uns selbst. Wir sollten immer beten: ‚O Gott, lass diese Augen nur das Gute in allen sehen. Gib mir die Kraft der Welt selbstlos zu dienen.' Nur durch eine solche Einstellung der Selbsthingabe können wir den wahren Seelenfrieden finden. So sollten wir versuchen allmählich Gottes gute Diener zu werden.

37. Nehmen wir an, dass wir in ein Loch fallen. Werden wir auf unsere Augen böse sein und sie ausstechen, nur weil sie uns nicht richtig gelenkt haben? Nein, natürlich nicht. Und genau so, wie wir die Fehler aushalten, die unsere eigenen Augen gemacht haben, so sollten wir mit den anderen nachsichtig sein, wenn sie versagen und Fehler begehen. Wir sollten immer liebenswürdig zu allen sein.

38. Selbst wenn jemand einen Baum zurück schneidet, wird der Baum ihm dennoch Schatten spenden. So sollte ein spirituell Suchender sein. Nur jemand, der für das Wohl anderer betet, auch für diejenigen, die ihm oder ihr Leid verursacht haben, kann sich als wahrhaftig spirituell bezeichnen.

39. Wenn jemand einhundert gute Dinge tut und nur einen Fehler begeht, so werden die Leute ihn trotzdem verachten und ablehnen. Doch macht eine Person hundert Fehler und nur eine gute Tat, so wird Gott ihn lieben und akzeptieren. Darum solltest du nur an Gott alleine hängen und ihm alles widmen.

40. Es gibt nur einen Gott. Milch ist unter verschiedenen Bezeichnungen in verschiedenen Sprachen bekannt. Jemand aus Kerala nennt Milch ‚Paal'. Eine englischsprachige Person nennt sie ‚Milk'. Menschen, die andere Sprachen sprechen, haben andere Bezeichnungen für Milch. Wie auch immer man sie nennt, der Geschmack bleibt doch gleich.

Christen nennen Gott, Christus; Moslems nennen ihn Allah; Hindus nennen ihn Shiva, Krishna oder Göttliche Mutter. Es ist immer der gleiche Gott. Jede Person versteht Gott gemäß seiner eigenen Kultur und verehrt ihn auch dementsprechend.

41. Sogar Kleinkinder können von Meditation profitieren. Ihre mentalen Fähigkeiten werden größer und sie werden dadurch ein außerordentliches Gedächtnis entwickeln, das ihnen beim Lernen sehr helfen wird.

42. Meditieren und andere spirituelle Tätigkeiten auszuüben bedeutet nicht nur, mit geschlossenen Augen in der Lotusstellung da zu sitzen. Es bedeutet auch, denjenigen selbstlos zu dienen, die leiden, diejenigen zu trösten, die leiden, jemandem ein Lächeln zu schenken und liebenswürdige Worte zu sprechen.

43. Menschen interessiert es oft nicht, wenn andere durch eine schwierige Zeit gehen. Ihre Einstellung ist oft: „Lass jemanden anderen Leiden, solange ich es nicht bin." Lasst uns diese Einstellung ändern. Lasst uns stattdessen ernsthaft wünschen, dass niemand in dieser Welt leiden muss. Lasst uns nicht denken: „Warum ich?", sondern viel eher: „Warum sollte irgendjemand leiden müssen?" Lasst uns lernen, andere vor unser eigenes Selbst zu stellen.

44. Demut ist ein Zeichen von wahrem Wissen.

45. Wir alle sind verschiedene Formen des einen Selbst, genau wie gleichartige Bonbons in verschieden farbige Papiere gewickelt sind. Es mag sein, dass das mit grünem Papier umwickelte Bonbon dem mit rotem Papier erzählt: „Ich bin anders als du." Und das im roten mag dem in blauem Papier sagen: „Ich unterscheide mich von dir." Doch sind die Papiere entfernt, so sind alle Bonbons gleich. Gleichermaßen gibt es keinen eigentlichen Unterschied zwischen den Menschen. Ob sie nun arm oder reich, braun oder weiß, schön oder hässlich, gesund oder krank sind – im Innern sind wir alle gleich. Doch wir vergessen dies und sind irregeführt von dem, was wir äußerlich sehen. Wegen dieser Irreführung haben wir heute in der Welt so viele Probleme.

46. Amma wünscht, dass alle ihre Kinder so rein werden, dass sie überall Licht und Liebe verbreiten, wen auch immer sie treffen mögen. Die Welt braucht keine Prediger, sondern was sie jetzt braucht sind lebende Vorbilder.

47. Kinder erinnert euch immer daran, dass eure wahre Familie die ganze Welt ist, die Familie der Menschheit. Wenn ihr eure linke Hand verletzt, so wird eure rechte Hand zu Hilfe kommen. Das kommt daher, dass beide Hände Teil eures Körpers sind; ihr fühlt, dass ihr eins seid mit ihnen. Mit der gleichen Sicht der Einheit sollen wir unseren Brüdern und Schwestern in aller Welt dienen. Wir sollten ihre Fehler vergeben und sogar bereit sein, ihretwillen zu leiden. Das ist das Wesentliche der Spiritualität.

48. Kinder, anstatt auf andere zu zeigen und sie zu kritisieren, sollten wir zuerst uns selbst verbessern.

49. Es gibt Liebe und LIEBE. Du liebst deine Familie, doch du liebst deinen Nachbarn nicht. Du liebst deinen Vater und deine Mutter, doch du liebst nicht jedermann so, wie du deinen Vater und deine Mutter liebst. Du liebst deine Religion, doch du liebst nicht alle Religionen; vielleicht verachtest du sogar Menschen mit anderem Glauben. Du liebst dein Land, doch du liebst nicht alle Länder. Das ist nicht wahre Liebe; es ist begrenzte Liebe. Die Umwandlung dieser begrenzten Liebe in göttliche Liebe ist das Ziel der Spiritualität. In der Fülle der Liebe erblüht die wunderschöne, duftende Blume des Mitgefühls.

50. Wenn du nur einen Schritt auf Gott zugehst wird Gott hundert Schritte auf dich zugehen.

Om Namah Shivaya

www.ingramcontent.com/pod-product-compliance
Lightning Source LLC
Chambersburg PA
CBHW070618050426
**42450CB00011B/3077**